सरल निबन्ध

# सरल निबन्ध

श्यामचन्द्र

विद्या विहार, नई दिल्ली

**प्रकाशक : विद्या विहार**

19, संत विहार (पहली मंजिल) गली नं. 2, अंसारी रोड, नई दिल्ली–110002

 / संस्करण : 2023 / मूल्य : एक सौ पचहत्तर रुपए

मुद्रक : नरुला प्रिंटर्स, दिल्ली ISBN 978-93-86871-32-9

**SARAL NIBANDH**

*by* Shri Shyam Chandra kapoor ₹ 175.00

Published by VIDYA VIHAR, 19, Sant Vihar (First Floor), Street No.2, Ansari Road, New Delhi-2

# विषय-सूची

# निबन्ध-लेखन

**उत्तम निबन्ध लिखने के उपाय**—निबन्ध लिखते हुए संकोच, भय और लज्जा त्याग देनी चाहिए। झिझकने तथा डरनें से निबन्ध अच्छा नहीं बन पड़ता। निबन्ध-लेखक से यह आशा कोई नहीं करता कि वह जिस विषय पर निबन्ध लिख रहा है, उसके वियष में वह सम्पूर्ण तथ्यों को जानता ही हो। उससे तो केवल इतनी ही अपेक्षा की जाती है कि वह प्रस्तुत विषय के बारे में जो कुछ भी जानता है, उसे बिना छिपाये, संक्षेप में और सरलता से प्रकट कर दे। निबन्ध तो वास्तव में शुद्ध हृदय की विचार-तरंग ही है।

**निबन्ध के प्रकार**—निबन्ध तीन प्रकार के होते हैं—

(१) वर्णनात्मक निबन्ध,

(२) विवरणात्मक (व्याख्यात्मक) निबन्ध,

(३) विचारात्मक निबन्ध।

(१) **वर्णनात्मक निबन्ध**–वर्णनात्मक निबन्ध में आँखों-देखी किसी वस्तु, पदार्थ, स्थान, यात्रा, घटना या दृश्य आदि का वर्णन किया जाता है। इसमें युक्ति प्रमाण नहीं लिए जाते, केवल वर्णनात्मक विषय का यथार्थ (हूबहू) चित्रण किया जाता है। जैसे—कुत्ता, घोड़ा, बाजार, पुस्तक, दिल्ली, गाँव, दिवाली, मेला, मनुष्य, पदार्थ, यात्रा, देश, दृश्य, प्रकृति-सौन्दर्य, समाचार, तीर्थस्थान, स्वतन्त्रता दिवस, प्रातःकाल, मेरा देश, अपने जीवन

की घटना, कोई ऋतु, एक दुर्घटना आदि।

(२) **विवरणात्मक (व्याख्यात्मक) निबन्ध**—किसी ऐतिहासिक, भौगोलिक, पौराणिक या आकस्मिक घटना का वर्णन ही विवरणात्मक निबन्ध के विषय होते हैं। जैसे—हवाई जहाज, किसी आकस्मिक घटना का घटित होना। साथ ही इसमें किसी प्रसिद्ध व्यक्ति को आधार बनाकर निबन्ध लिखा जाता है। जैसे—भीम, प्रताप, राम, कृष्ण, महात्मा बुद्ध, गांधीजी, डा० चन्द्रशेखर वैंकट रमन आदि।

विवरणात्मक निबन्धों में निम्न प्रकार के सभी निबन्धों की गणना होती है। आत्मकथा, हमारे राष्ट्रपति, हमारे वर्तमान प्रधानमन्त्री, मेरे सपनों का भारत, रुपये की आत्मकथा, मेरा एक स्वप्न।

विवरणात्मक निबन्धों में जीवन में घटित घटनाओं का अधिक उल्लेख होता है। मेरा जीवन प्रवाह, मेरी असफलताएँ, स्मृति की रेखाएँ, पथ के साथी आदि विषय भी इसी में गिने जाते हैं। इस प्रकार के निबन्धों में घटनाओं की प्रामाणिकता, तिथियों की यथार्थता और भाषा को रोचक बनाने की ओर ध्यान दिया जाना चाहिए।

(३) **विचारात्मक**—इसमें किसी विचार अथवा भाव को लेकर रचना की जाती है। दर्शन, अर्थशास्त्र, राजनीति, धर्म, संस्कृति, सभ्यता, विज्ञान, इतिहास, साहित्य आदि से सम्बन्ध रखने वाले विषय विचारात्मक निबन्ध के अन्तर्गत आते हैं। विचारात्मक निबन्ध के दो भेद होते हैं—

(क) भावना प्रधान, (ख) तर्क प्रधान।

**(क) भावना प्रधान**—इसमें अपने मन की भावनाओं में

बहता हुआ लेखक भावुक शैली में लिखता है। वह अपने भावों को सही मानता हुआ जो कुछ मन से तरंग आये उसी को शब्दावली में गुम्फित कर देता है।

(ख) **तर्क प्रधान**—तर्क प्रधान निबन्ध में विचार को तर्क अथवा युक्ति-प्रमाणों से सिद्ध करने का प्रयत्न किया जाता है। कभी-कभी किसी विचार का विश्लेषण या विवेचन किया जाता है। इसमें किसी भाव या विचार पर वाद-विवाद भी किया जाता है। इसमें किसी वस्तु, विषय या रचना की आलोचना भी की आती है।

नैतिक, धार्मिक, सामाजिक, राजनीतिक, आर्थिक, साहित्यिक, वैज्ञानिक, आलोचनात्मक, तुलनात्मक आदि निबन्ध विचारात्मक के ही अन्तर्गत आते हैं।

पंचवर्षीय योजनाएँ, भारत का भविष्य, सरकारी नौकरी और राष्ट्र सेवा, प्रजातन्त्र प्रणाली के गुण-दोष, स्त्री जाति और नौकरी, रामायण का सन्देश, बेकारी की समस्या, महँगाई की समस्या, दल-बदल की समस्या, हिन्दी प्रचार के लिए भारत सरकार के प्रयत्न, विद्यार्थी असन्तोष के मूल कारण, राष्ट्र-भक्ति बनाम विश्व मानवता आदि सभी विषय विचारात्मक ही हैं।

## निबन्ध-लेखन-सम्बन्धी संकेत

(१) भाषा शुद्ध, मुहावरेदार तथा रोचक होनी चाहिए।

(२) निबन्ध में मौलिकता एक विशेष गुण माना जाता है। किसी पठित निबन्ध का अनुकरण करना या उसे ज्यों का त्यों उतार देना ठीक नहीं। अपने भावों या विचारों को अपनी भाषा और शैली में लिखना चाहिए।

(३) निबन्ध सरस होना चाहिए, नीरस नहीं। पहला ही वाक्य ऐसा होना चाहिए कि पढ़ने वाले के मन में उत्सुकता जागे।

(४) निबन्ध-लेखन में कल्पना से काम लिया जाना चाहिए। इसके लिए वस्तु-विषय का सूक्ष्म-निरीक्षण, ध्यान, मनन, लाइब्रेरी से पुस्तकों का अध्ययन, प्रसिद्ध लेखकों के निबन्धों का अध्ययन, प्रसिद्ध वक्ताओं के भाषण सुनना हितकर होता है।

(५) लिखाई साफ-सुथरी और शुद्ध होनी चाहिए। जिन शब्दों के अर्थ या अक्षर-योजना के विषय में आपके मन में सन्देह हो, उसका प्रयोग जहाँ तक हो सके न करें।

(६) विराम चिह्नों का ठीक प्रयोग होना चाहिए।

(७) अपना शब्द-ज्ञान बढ़ाते रहना चाहिए, इसके लिए हिन्दी के समाचार पत्रों तथा पत्रिकाओं का अध्ययन बड़ा सहायक होता है।

(८) परीक्षा में कई विषय दिये होते हैं, आप अपने लिए उस विषय को चुन लें जिसपर आप सबसे अच्छा लिख सकते हैं।

## निबन्ध लिखते हुए इन दोषों से बचिए

(क) एक प्रसंग को पूरा न करना और दूसरा प्रसंग आरम्भ करना। (ख) अपने ही मत को स्वयं काटना। (ग) गलत तर्क देना। (घ) अस्पष्ट वाक्य।

**निबन्ध के विषय में अन्तिम बात**—निबन्ध लिखने के अनन्तर उसे एक बार स्वयं पढ़ते हुए उसकी भाषा, भाव, विराम चिह्न आदि की यदि कोई अशुद्धि रह गई हो, तो उसे शुद्ध कर लेना चाहिए।

# त्योहारों और ऋतुओं सम्बन्धी निबन्ध

## रक्षाबन्धन

यह पर्व भारत में बहुत प्राचीनकाल से मनाया जाता रहा है। इस पर्व की विशेषता यही है कि यह हमें अबला, असहाय तथा निर्बलों की सहायता करने की प्रेरणा देता है।

राखी, रखड़ी, सलोनो आदि इसके अन्य प्रसिद्ध नाम हैं। वर्षा ऋतु में श्रावण पूर्णिमा के दिन इसे बहुत श्रद्धा से मनाया जाता है। कहा जाता है कि जब देवों और दानवों का युद्ध हुआ, तो शची (इन्द्राणी) से देवों ने रक्षाबन्धन बँधवाया और दानवों पर विजय-लाभ किया था।

कहा जाता है कि इसी पवित्र दिन विष्णु के अवतार वामन ने दानवराज बलि से तीन पग भूमि माँगी थी और बलि को सारा राज्य दान करना पड़ा था। इस महान त्याग की स्मृति बनकर यह शुभ त्योहार प्रतिवर्ष आता है।

ब्राह्मणों के लिए यह त्योहार बहुत महत्त्वपूर्ण है। वे यजमानों के हाथ में रक्षाबन्धन के पावन सूत्र बाँधकर उन्हें आशीर्वाद देते हैं तथा विद्या की रक्षा तथा प्रसार के लिए उनसे धन प्राप्त करते हैं।

बहनें इस त्योहार की वर्ष-भर प्रतीक्षा करती रहती हैं। इस दिन लोग साफ-सुथरे, नये वस्त्र धारण करते हैं। घरों में कई प्रकार की मिठाइयाँ तैयार होती हैं। बाजारों में आजकल कई तरह की रंग-बिरंगी राखियाँ मिलती हैं। बहनें उन्हें मोल लाती और भाइयों के हाथों में बाँधकर उन्हें मिठाई खिलाती हैं। भाई उन्हें धन देकर उनका सम्मान करते हैं और मन ही मन बहनों के सम्मान की रक्षा का प्रण करते हैं। आनन्द और हँसी-खुशी के साथ यह पर्व सम्पन्न होता है।

मध्यकालीन भारतीय इतिहास में एक कथा आती है कि गुजरात के बादशाह बहादुरशाह ने चित्तौड़ पर आक्रमण किया तो महारानी कर्मवती ने जब अपने को विपदा में जाना तो उन्होंने रक्षाबन्धन के सूत्रों को हुमायूँ के पास भिजवाया और भाई कहकर अपने बचाव की प्रार्थना की। बादशाह हुमायूँ ने रानी कर्मवती द्वारा प्रेषित इन सूत्रों को अपने हाथों में बाँधा और पत्र पढ़कर तुरन्त सेना सहित बहन कर्मवती की लाज बचाने के लिए प्रस्थान कर दिया। यद्यपि हुमायूँ के पहुँचने से पहले रानी कर्मवती चिता में सती हो चुकी थी, फिर भी बादशाह हुमायूँ ने मेवाड़ की रक्षा के लिए यथाशक्ति प्रयत्न किया और बहादुरशाह को हराकर भगा दिया।

आज भी भारत में प्रत्येक बहन भाई के हाथ में कुछ सूत्र बाँधती है, जिसको हम राखी, रक्षा-बन्धन या पहुँची कहते हैं।

वास्तव में इन सूत्रों में एक अनोखा प्यार, बल और विश्वास छिपा होता है जिसका मूल्य चुकाना प्रत्येक भाई के लिए असम्भव-सा है। फिर भी प्रत्येक भाई आज के दिन प्रण करता है कि सदा मैं अपनी बहन की रक्षा करूँगा। इसी प्रण

को स्मरण दिलाने के लिए यह पर्व प्रति वर्ष श्रावण शुक्ला पूर्णमासी के दिन अत्यन्त धूमधाम से मनाया जाता है।

## विजयदशमी (दशहरा)

विजयदशमी का त्योहार प्रतिवर्ष आश्विन शुक्ला दशमी को बहुत ही धूमधाम से मनाया जाता है।

विजयदशमी से कुछ दिन पूर्व क्षत्रिय लोग अपने शस्त्रास्त्रों तथा गणवेशों (वर्दियों) को चमकाने लगते थे। विजयदशमी के दिन वे प्रातः शस्त्र-पूजन करते तथा सीमोल्लंघन किया करते थे।

आश्विन मास के शुक्ल पक्ष की प्रथमा (पड़वा) को पहला नवरात्र आरम्भ होता है। इस दिन घरों में रामायण की कथा आरम्भ हो जाती है। नगरों और कस्बों में इस दिन से श्रीराम-कथा के आधार पर झाँकियाँ निकलने लगती हैं। ये लगातार नौ दिन तक निकलती रहती हैं और हजारों-लाखों लोग इन्हें बड़ी रुचि तथा श्रद्धा से देखते हैं। दसवें दिन विजयदशमी का पर्व होता है।

यह पर्व बहुत धूमधाम से मनाया जाता है। एक बड़े मैदान में, जिसे प्रायः रामलीला मैदान कहा जाता है, कागजों के तीन विशालकाय पुतले खड़े किये जाते हैं। इनकी हड्डियाँ बाँस, बेंत, लकड़ी आदि से बनी होती हैं। सिर पर मुकुट भी गत्ते आदि के होते हैं। तन पर कागज, कपड़े आदि के रंग-बिरंगे वस्त्र पहनाये गये होते हैं।

खाने-पीने की चीजों, फलों, मूर्तियों, चित्रों, धनुष-बाण

आदि वस्तुएँ बेचने वालों की दुकानें सजी होती हैं। लोगों की भीड़ निरन्तर बढ़ती जाती है। तीन-चार बजे तक तो तिल धरने को जगह नहीं रहती। सामने ही रावण, कुम्भकरण और मेघनाद के पुतले होते हैं। लोग रह-रहकर उनकी ओर देखते हैं। इतने में नगर में घूमती हुई राम-लक्ष्मण की सवारी राम-लीला मैदान की ओर आती है। हनुमान् के पीछे लाल वस्त्र पहने वानर-सेना उछलती-कूदती आती है। इसके बाद पीछे-पीछे रावण की सवारी आती है। कुम्भकरण और मेघनाद भी आते हैं। उनके पीछे राक्षस-सेना नीले-काले वस्त्र पहने आती है।

मैदान में पहुँचकर राम-रावण की सेनाओं में कृत्रिम युद्ध होता है। एक ओर सोने की लंका बनायी गई होती है। हनुमान् जी अपने दल सहित जाकर उसे आग लगा देते हैं।

इतने में राम अपना बाण रावण पर चलाते हैं। फिर लक्ष्मण मेघनाद को बाण मारते हैं। तब राम कुम्भकरण पर बाण मारते हैं। इसके साथ ही पुतलों में आग का पलीता लगा दिया जाता है। पुतलों के अन्दर भरे पटाखे ठा-ठा करके चलने लगते हैं। बच्चे, बूढ़े, जवान, स्त्री-पुरुष भगवान राम की जय-जयकार से गगन गुँजाने लगते हैं। देखते ही देखते तीनों राक्षसों के पुतले जलकर राख हो जाते हैं। दशहरा हमें यह शिक्षा दे जाता है कि अपना चरित्र राम की तरह बनाना चाहिए, रावण जैसा नहीं।

## स्वतन्त्रता दिवस (१५ अगस्त)

१५ अगस्त, सन् १९४७ के दिन अंग्रेजों ने भारत का शासन भारतीयों के हाथ सौंप दिया। इसी दिन भारत के हृदयसम्राट्

पं० जवाहरलाल नेहरू भारत के प्रथम प्रधानमन्त्री बने। इसी दिन सैकड़ों वर्षों की पराधीनता के उपरान्त भारत ने फिर से स्वतन्त्रता की साँस ली। इसलिए यह दिन भारतीयों के लिए त्योहार का महत्त्व रखता है।

इस दिन सभी कार्यालय तथा कारखाने, स्कूल तथा बाजार बन्द रहते हैं। प्रभात काल में ही दिल्ली में प्रधानमन्त्री लाल किले से भाषण करके देश की दशा पर विचार करते हैं और भारत की स्वाधीनता के लिए प्राणों की आहुति देने वालों को श्रद्धांजलि भेंट करते हैं। इसी तरह प्रदेशों के राज्यपाल (गवर्नर) या मुख्यमन्त्री इस दिन को मनाना परम कर्तव्य समझते हैं।

इस दिन को मनाने के लिए अनगिनत जनता सुन्दर-सुन्दर वस्त्र धारण किए उत्सव-स्थल की ओर बढ़ी जाती है। सबसे पूर्व भारत का राष्ट्रीय गान "जन-गण-मन अधिनायक जय हे भारत भाग्य विधाता" गाया जाता है। इसके अनन्तर कविता-पाठ होता है और फिर भाषण। भाषण समाप्त होते ही जनता की भीड़ हर्ष उल्लास में घर की ओर लौटती है।

धन्य है यह दिन जिस दिन भारतीयों ने भारत माता की बेड़ियाँ काटकर इसे बन्धन-मुक्त किया।

आज हम स्वतन्त्र हैं, स्वतन्त्रता से साँस ले सकते हैं। हमारा अपना राष्ट्र-ध्वज है, अपना संविधान है, अपनी संसद् है। आज भारतीय अपना सिर ऊँचा करके चल सकता है। संयुक्त राष्ट्र संघ में भारत का अपना स्थान और सम्मान है।

१५ अगस्त, १९४७ ही वह दिन था, जब अंग्रेज हमारे देश का शासन हमें सौंपकर, सात समन्दर पार अपने देश को

चले गए। अतः इस दिन को आस्था से मनाना हमारा कर्तव्य है।

## गणतन्त्र दिवस

२६ जनवरी, १९३० से प्रतिवर्ष २६ जनवरी का दिन राष्ट्रीय पर्व के रूप में मनाया जाने लगा। स्वाधीनता के बाद २६ जनवरी, १९५० को भारत गणतन्त्र (रिपब्लिक) बना। उसके बाद २६ जनवरी को गणतन्त्र उत्सव के रूप में प्रति वर्ष यह दिवस मनाया जाता है।

२६ जनवरी के दिन नयी दिल्ली में प्रभातकाल से ही लोग एकत्र होने लगते हैं। लाखों की संख्या में बाल, वृद्ध, स्त्री-पुरुष इण्डिया गेट के पास एकत्र होते हैं। सुन्दर-सुन्दर वस्त्र पहने किलकारियाँ मारते बच्चे, हँसती-गाती स्त्रियाँ, उत्साह से भरे नवयुवक और स्वतन्त्रता के सुख में मग्न पुरुष, राष्ट्रपति की सवारी की प्रतीक्षा करते हैं। आठ बजे के लगभग सुसज्जित घोड़ों की बग्घी में राष्ट्रपति की सवारी निकलती है। जल, थल तथा वायु सेना के सैनिक मार्च करते हुए उनके पीछे-पीछे चलते हैं। तब तोपों से राष्ट्रपति को सलामी दी जाती है। उसके अनन्तर पंजाब, राजस्थान, मध्य प्रदेश, बिहार, उत्तर प्रदेश, महाराष्ट्र, तमिलनाडु, आन्ध्र प्रदेश, जम्मू-कश्मीर, पश्चिमी बंगाल आदि सभी प्रदेशों की झाँकियाँ निकलती हैं। इनसे उन प्रान्तों की सभ्यता, कला-कौशल, वेशभूषा, रहन-सहन आदि का परिचय दिया जाता है। इसके पीछे-पीछे जल, थल, वायु तीनों सेनाओं की टुकड़ियाँ मार्च करती हुई निकलती हैं।

इनके पीछे स्कूलों-कालेजों के छात्र-छात्राओं की टुकड़ियाँ क्रीड़ा, नृत्य, गायन तथा खेल करती हुई निकलती हैं।

रात्रि के समय रामलीला ग्राउण्ड में आतिशबाजी से जनता का मनोरंजन किया जाता है।

यह दिन हमारे देशवासियों के लिए बड़ा पवित्र है। अतः प्रत्येक नर-नारी को इसमें पूर्ण सहयोग देना चाहिए। क्योंकि इस प्रकार के त्योहार देश, जाति एवं युवक-युवतियों में उत्साह बढ़ाने के लिए होते हैं।

## जन्माष्टमी

जन्माष्टमी श्रीकृष्ण की जन्मतिथि है। श्रीकृष्ण का जन्म आज से लगभग ५००० वर्ष पूर्व भाद्रपद मास के कृष्णपक्ष की अष्टमी की आधी रात के समय बन्दीगृह में हुआ था। इनकी माता का नाम देवकी और पिता का नाम वसुदेव था। देवकी मथुरा के अत्याचारी राजा कंस की बहन थी। जब ज्योतिषियों ने बतलाया कि इसी देवकी का आठवाँ बालक तेरा संहार करेगा तो कंस ने बहन और बहनोई को बन्दीगृह में डाल दिया। वहाँ देवकी के जो भी बालक उत्पन्न होता, कंस उसे तुरन्त मरवा देता था। क्रमशः आठवें बालक श्रीकृष्ण की उत्पत्ति हुई। इस वार वसुदेव ने आधी रात के समय किसी प्रकार श्रीकृष्ण को गोकुल में नन्द के यहाँ पहुँचा दिया और उसी रात नन्द की पत्नी यशोदा के यहाँ उत्पन्न हुई बालिका को लाकर देवकी के पास लिटा दिया। प्रातःकाल लड़की उत्पन्न होने का समाचार पाकर निर्दय कंस ने उस कन्या का भी प्राणान्त कर दिया।

बाद में श्रीकृष्ण-बलदेव ने कंस को भरी सभा में मारकर पृथ्वी का बोझ हल्का किया।

श्रीकृष्ण चतुर राजनीतिज्ञ, विद्वान्, योगिराज, त्यागी, शूरवीर, योद्धा, देश का उद्धार करने वाले, सच्चे मित्र, अनुपम दानी और सेवाभाव के आदर्श उदाहरण थे।

दुर्योधन की पराजय, कंस, शिशुपाल, जरासन्ध आदि का नाश, अर्जुन को गीता का उपदेश, सुदामा की सहायता और युधिष्ठिर के राजसूय यज्ञ में अतिथियों के पाँव धोना आदि कार्य श्रीकृष्ण की महत्ता को प्रकट करते थे।

श्रीकृष्ण न होते तो भारतवर्ष आज से पाँच हजार साल हले ही पराधीन हो गया होता। श्रीकृष्ण के इन उपकारों को रण करने के लिए और जाति में नया जीवन फूंकने के लिए माष्टमी मनायी जाती है।

जन्माष्टमी के दिन लोग उपवास रखते हैं। मन्दिरों को सजाते हैं। राग-रंग करते हैं। श्रीकृष्ण की मूर्तियों की स्थापना करते हैं। उन्हें वस्त्रों और आभूषणों से सजाते हैं। अवतार-भावना से उनकी पूजा करते हैं। बिजली की चकचौंध करने वाला प्रकाश करते हैं। आधी रात के समय जब श्रीकृष्ण के जन्म का समय होता है तो आरती करके कुछ खाते हैं। श्रीकृष्ण के प्रति श्रद्धा के फूल चढ़ाने का यह रोचक ढंग है। लोगों में श्रीकृष्ण के गुणों को जानने, अपनाने और उन पर अमल करने की भावना उत्पन्न होती है।

# दीपावली

भारत के त्योहारों में दीपावली भी एक अत्यन्त महत्त्वपूर्ण त्योहार है। कहते हैं कि जब श्री रामचन्द्रजी लंका-विजय कर अयोध्या आये तो उसी खुशी में लोगों ने अपने घरों में घी के दीपक जलाये और खुशियाँ मनायीं। कोई कहते हैं कि दुर्गा ने जब शुम्भ-निशुम्भ राक्षसों का वध कर दिया तो लोगों ने खुशियाँ मनायीं। वे दोनों राक्षस अत्यन्त अत्याचारी थे। परन्तु आजकल लोग यह मानते हैं कि यह त्योहार लक्ष्मीजी का है। लक्ष्मीजी विष्णु भगवान की भार्या व धन की देवी मानी जाती हैं। अस्तु, व्यापारी वर्ग या वैश्य लोग इसे बड़े उत्साह से मनाते हैं।

दीपावली का त्योहार कार्तिक की अमावस्या को मनाया जाता है। यह त्योहार लगभग पाँच दिन चलता है—धनतेरस, छोटी दीपावली, बड़ी दीपावली, गोवर्धन और भ्रातृ-द्वितीया या भैया-दूज।

कार्तिकी अमावस्या को दीपावली का त्योहार होता है। इस दिन लोग नवीन-नवीन वस्त्र धारण करते हैं तथा खीलें, खिलौने, सुन्दर-सुन्दर मूर्तियाँ, चित्र, मिठाइयाँ आदि खरीदकर लाते हैं। कोई-कोई धनी पुरुष चाँदी की लक्ष्मीजी की प्रतिमा रखते हैं। कण्डील, मोमबत्ती, फुलझड़ी सर्वत्र बिकती हुई दिखाई देती हैं।

सन्ध्या से ही द्वार, बाजार, गली आदि अभी जगमगा उठते हैं। रात्रि में दिन हो जाता है। कहीं लड़के मोमबत्ती जलाते हैं, कहीं फुलझड़ी छोड़ते हैं, कहीं पटाखे चलाते हैं। घरों में रंग-बिरंगे कण्डीलों का प्रकाश बहुत ही सुन्दर दिखाई देता है।

रात्रि को लक्ष्मी-पूजन होता है और लोग खीलें, खिलौने और मिठाइयाँ बाँटते हैं। व्यापारियों के यहाँ विशेषकर आज के ही दिन बहियाँ बदली जाती हैं। वे लोग इनका पूजन भी करते हैं। परन्तु सबसे अधिक दर्शनीय वस्तु तो रोशनी होती है। दीपों की जगमगाती पंक्ति मन को मोह लेती है। शहरों में बिजली के हरे, पीले, लाल, नीले लट्टुओं से दुकानें तथा घर सजाये जाते हैं। अस्तु, वे पुते-लिपे मकान चमक उठते हैं।

प्रत्येक घर में लक्ष्मी-पूजन करने के उपरान्त लोग रोशनी देखने जाते हैं और बाजारों में मनुष्यों की भीड़ लग जाती है। सभी मनुष्य अपने सुन्दर से सुन्दर कपड़े पहनकर निकलते हैं। इसी को हम दीपावली का त्योहार कहते हैं।

## ओणम

दक्षिण भारत के केरल प्रदेश का विशेष त्योहार है–ओणम। केरल के लोग चाहे कहीं भी हों, ओणम का पर्व धूम से मनाते हैं।

बच्चे, जवान, बूढ़े, स्त्री-पुरुष कई महीने पहले से ही ओणम की प्रतीक्षा बड़ी उत्सुकता से किया करते हैं। ओणम से एक महीना पहले ही चारों ओर गीत, नृत्य और क्रीड़ा का वातावरण छा जाता है।

कहा जाता है कि केरल में एक राजा हुए थे। उनका नाम था महाबली। वे जनता का बहुत आदर करते थे। उन्होंने जल, धन-धान्य और वस्त्र से सारी प्रजा को खुशी किया था। वे बहुत दानी और न्यायकारी थे। प्रजा महाराजा महाबली को

पूजती थी।

इन्द्र को डर हुआ कि राजा महाबली इन्द्रासन न छीन लें। उन्होंने विष्णु से कहा। विष्णु ने वामन (बौने) ब्राह्मण का अवतार लिया। उन्होंने महाबली से तीन पैर पृथ्वी दान में माँगी। महाबली ने दान की, तो वामन ने एक पग से भू-लोक और दूसरे से स्वर्गलोक नाप लिया। तीसरे पग के लिए जगह न बची। तब महाबली ने अपना सिर आगे कर दिया। विष्णु ने महाबली को पाताल में रहने को कहा। महाबली ने विष्णु से एक वरदान माँगा—"वर्ष में एक बार मुझे प्रजा के सुख-दुःख जानने का अवसर दिया जाय।" विष्णु ने यह वर दे दिया।

श्रावण मास में जो श्रवण नक्षत्र है, उसे मलयालम में ओणम कहा जाता है। कहते हैं, प्रतिवर्ष ओणम पर महाबली अपनी प्रजा को देखते आते हैं। यह उत्सव इसीलिए मनाया जाता है।

ओणम के दिनों में धनी दिल खोलकर गरीबों को दान देते हैं। इन दिनों केरल का कोना-कोना गीत, नृत्य, नाटक, श्रृंगार-सजावट, नौका-विहार, हाथियों के जुलूस, मन्दिरों में देवोत्सव से गूंज उठता है।

बालक-बालिकाएँ सवेरे ही टोकरियाँ लेकर फूल तोड़ने जाते हैं। घर आकर नहा-धोकर सुन्दर वस्त्र पहन फूलों से अंग तथा घर सजाते हैं—महाबली के स्वागत के लिए महिलाएँ रंगोली सजाती हैं।

इस उत्सव का रोमांचक भाग है—नौका-दौड़। नौकाएँ सजाई जाती हैं। नावें सर्पाकार लम्बी-लम्बी होती हैं, जिन्हें २५-३० मनुष्य एक साथ खेते हैं। नाविकों की वेश-भूषा की चमक-दमक देखने योग्य होती है।

लोकनृत्य ओणम का बहुत बड़ा भाग है। युवतियाँ अंगों को सुन्दर वस्त्रों तथा फूलों से सजाती हैं। उनके गीत और नृत्य से सारे केरल में उल्लास और आनन्द छा जाता है। हाथियों का जलूस भी ओणम का विशेष भाग है। ओणम केरल का ऐसा उत्सव है, जिसमें गरीब-अमीर सभी मिल-जुलकर उत्साह से भाग लेते हैं।

## होली

होली हँसी, मस्ती, हुड़दंग और शरारत का त्योहार है। इस उत्सव में लोग एक-दूसरे पर रंग डालकर, मुँह पर गुलाल मलकर या एक-दूसरे की हँसी उड़ाकर खुशी मनाते हैं।

होली के दिनों में लोग एक-दूसरे के मुँह पर गुलाल मलकर गले मिलते हैं। बरस-भर का वैर-विरोध मिटा दिया जाता है। एक-दूसरे की बुराइयों और भूलों की हँसी उड़ाई जाती है। इससे लोगों को अपने दोषों का पता लगता है। इस दिन कोई मनहूस ही होगा जो न हँसता हो।

फाल्गुन मस्ती का महीना होता है। शीतल-मन्द-सुगन्धित पवन अठखेलियाँ करती है। प्रकृति का रंगीन वातावरण नयी उमंगें लेकर आता है। वृक्षों में नयी कोंपलें लगती हैं। पेड़-पौधों, बेलों पर नये फूल लगते हैं या मंजरियाँ झूलने लगती हैं। रंग-बिरंगे फूलों से मस्ती रंगीन हो जाती है। भारतीयों ने इस रंगीन मौसम में रंगों का त्योहार मनाना आरम्भ किया। उसी का नाम होली है।

होली के आरम्भ के बारे में कथा है—भक्त प्रह्लाद को

भगवान का नाम लेने पर उसके पिता हिरण्यकश्यप ने बहुत कष्ट दिए। परन्तु प्रह्लाद ने ईश्वर का भजन न छोड़ा। तब हिरण्यकश्यप ने अपनी बहन होलिका से कहा। वह प्रह्लाद को गोद में लेकर आग के ढेर पर बैठ गई। होलिका तो जल गई परन्तु प्रह्लाद बच गया।

होली के दूसरे दिन धुलेंडी होती है। दोपहर तक लोग खुलकर फाग खोलते हैं। सायंकाल लोग मेले में जाते हैं। बच्चे खिलौने आदि खरीदते हैं।

होली का उत्सव पहले ५-६ दिन मनाया जाता था। अब कुछ कम होता जा रहा है। कई मनुष्य स्त्रियों के वस्त्र पहनकर नाचते हैं। ढोल और ढपली बजाते हैं और फाग गाते हैं।

होली का सम्बन्ध खेती से भी है। होली का अर्थ है—होला या होरा—कच्चा अन्न। होली के दिन चने और गेहूँ के अधकच्चे-अधपक्के बालें (सिट्टे) तैयार हो जाते हैं। उन्हें आग में भूनकर खाने में बहुत स्वाद आता है। गाँव के किसान अपने खेत के पहले-पहले अन्न को स्वयं तोड़कर खा लें और अग्नि में उसकी आहुति न दें, ऐसा कैसे हो सकता है ? इसलिए ऋषि-मुनियों ने इस दिन यज्ञ की प्रथा चलायी थी। यज्ञ के प्रसाद के रूप में होले बाँटे जाते थे। उसी का आधुनिक रूप होली है।

होली के उत्सव में कुछ दोष आ गए हैं; जैसे शराब पीकर गन्दी गालियाँ बकना, जुआ खेलना, कीचड़ या गन्दगी दूसरों पर फेंकना आदि। इन दोषों को दूर करके हमें होली का उत्सव रंग और आनन्द के साथ मनाना चाहिए।

# वसन्त ऋतु

भारत में वर्ष में छः ऋतुएँ होती हैं—हेमन्त, शिशिर, वसन्त, ग्रीष्म, वर्षा और शरद्। इनमें से वसन्त ऋतु सबसे सुहावनी है; इसीलिए इसे ऋतुराज भी कहते हैं। इस ऋतु में न गर्मी होती है न सर्दी। प्रातःकाल, दोपहर, सायंकाल और रात्रि—चारों काल मधुर होते हैं।

वसन्त ऋतु में प्रकृति की शोभा बहुत सुन्दर होती है। पेड़ों-पौधों, बेलों पर रंग-बिरंगे फूल खिल जाते हैं। वन-उपवन की छटा आनन्द देती है। आम के पेड़ों पर बौर लग जाता है। उनकी डाली पर बैठी कोयल कूकती है। खेतों में सरसों के पीले फूल ही फूल दिखाई देते हैं।

वसन्त में शीतल, मन्द, सुगन्धित पवन चलती है। वह शरीर को सुखदायी लगती है। वसन्त में जो सैर का आनन्द है, वह और किसी मौसम में नहीं।

इस मौसम में हर-एक मनुष्य का मन प्रसन्न हो जाता है। उदासी दूर हो जाती है। शरीर में नया खून दौड़ने लगता है। मन में उत्साह पैदा होता है। मुखड़े पर लाली छा जाती है।

वसन्त में मनुष्य ही नहीं, पशु-पक्षी भी आनन्द में भरकर मीठी बोली बोलने लगते हैं। फूलों पर भौंरे गुंजन करने लगते हैं। रंग-बिरंगी तितलियाँ फूल-फूल पर जाकर मीठा रस पीती हैं। सचमुच वसन्त ऋतुराज है।

# ग्रीष्म ऋतु

यह ऋतु जेठ-आसाढ़ में होती है। धरती तवे के समान तपने लगती है। चारों ओर गर्मी के कारण प्राणी व्याकुल हो जाते हैं। वे छाया की तलाश में दौड़ते हैं। पानी पीने से सबको चैन मिलता है। परन्तु पानी भी तपकर गर्म हो जाता है। तब बर्फ से ठण्डे पेयों का सहारा लेना पड़ता है।

तपे मैदानों में प्यास और गर्मी के कारण पशुओं की दशा बुरी हो जाती है। घरों की दीवारें तपने लगती हैं।

लोग काम करते हुए पसीना-पसीना हो जाते हैं। बिजली के पंखे की हवा भी गर्म हो जाती है।

बाहर लू चलती हैं। चिलबिलाती धूप में कौए की भी आँख निकलती हैं। धनी लोग बर्फ और खस की चिकों तथा फ्रिज और कूलर की सहायता से गर्मी कम करने का प्रयत्न करते हैं।

वातानुकूलित (एयर कण्डीशण्ड) स्थानों पर चैन है, परन्तु वे इने-गिने लोगों को ही मिलते हैं। साधारण लोग ग्रीष्म ऋतु में त्राहि-त्राहि करते हैं।

ठण्डे पेय शर्बत, बर्फ का पानी, फलों का रस आदि पीने से चैन मिलता है। परन्तु थोड़ी ही देर में फिर प्यास भड़क उठती है। कभी-कभी दिन-भर लू चलती हैं। रात को आँधी आ जाती है। इस प्रकार ग्रीष्म ऋतु सबको सताती प्रतीत होती है।

परन्तु ग्रीष्म के प्रभाव से हमारे खेतों में अनाज पकता है। बागों और वनों में फल पकते हैं। मनुष्य के शरीर में पसीना आने से शरीर के दोष बाहर निकल जाते हैं। स्नान का आनन्द

भी ग्रीष्म ऋतु में ही है। पर्वत-यात्रा का आनन्द भी इसी मौसम में है। इस प्रकार ग्रीष्म ऋतु अपने साथ दुःख-सुख लेकर आती है।

## सर्दी का मौसम

दशहरे का त्योहार आने से दस-पन्द्रह दिन पहले सर्दी आरम्भ हो जाती है। कार्तिक, अगहन (मग्घर), पौष और माघ—चार महीने सर्दी रहती है। जाड़ा बढ़ते-बढ़ते अरहर और मटर के पौधों में लाल-पीले फूल लगने लगते हैं। अलसी के खेत नीले फूलों से लद जाते हैं। गन्ने के खेत में गन्ने इतने ऊँचे हो जाते हैं कि उनके पीछे खड़ा आदमी दिखाई नहीं देता।

सर्दी आरम्भ होते ही खुली छत पर सोने वाले कमरों के अन्दर सोने लगते हैं। बालिकाएँ और बालक अपने-अपने स्वेटर निकालकर पहनने लगते हैं। ठण्डी हवाएँ चलने लगती हैं। सवेरे-शाम अधिक ठण्ड होती है। तब बालक कोट आदि पहन-कर बाहर निकलते हैं। बालिकाएँ शाल लेकर बाहर जाती हैं। सर्दी के दिन छोटे होते हैं। कब दिन हुआ, कब साँझ, पता ही नहीं चलता। जाड़े की रात अधिक ठण्डी होने के कारण कोई काम नहीं हो पाता। अतः दिन में ही जल्दी-जल्दी काम कर लेना चाहिए।

जब सर्दी बढ़ जाती है, तो सोते हुए, कम्बल में भी ठण्ड लगती है तब लोग रजाइयाँ (लिहाफ) ओढ़कर सोते हैं। बेचारे बेघर लोग जाड़े में काँपते-ठिठुरते हैं। सवेरे काफी ठण्ड पड़ती है। तब चाय पीकर ही चैन पड़ता है। गरम पेय (चाय, दूध,

काफी आदि) अच्छे लगते हैं। सर्दी में भूख भी बढ़ जाती है और खाया-पीया पच जाता है। पुरुष गरम सूट पहनकर काम पर जाते हैं। किसान लोग पुआल, उपले, लकड़ी आदि जलाकर आग तापते हैं, तब उनकी ठण्ड दूर होती है। अधिक सर्दी में दाँत बजने लगते हैं। हाथ सेककर शरीर में गर्माइश आती है। धनी लोग घरों और दफ्तरों में बिजली के हीटर जलाते हैं।

लड़के-लड़कियाँ खेल के मैदान में घण्टों खेलते रहते हैं। फिर भी नहीं थकते। इन दिनों, बादाम, पिस्ता, काजू, तिलगोजे, किशमिश, खजूर, मूँगफली आदि खाना अच्छा लगता है। शीतकाल में पढ़ाई खूब होती है। अतः विद्यार्थी इन्हीं दिनों पढ़ाई की सारी कसर पूरी कर लेते हैं।

## वर्षा ऋतु

भारत में प्रतिवर्ष बारी-बारी से छः ऋतुएँ आती हैं। ये ऋतुएँ हैं—ग्रीष्म, वर्षा, शरद, हेमन्त, शिशिर, वसन्त। इनमें से वसन्त को ऋतुराज कहा जाता है और वर्षा को ऋतुओं की रानी।

ग्रीष्म ऋतु में जोर की गर्मी पड़ती है। इससे सागर का पानी भाप बनकर उड़ता है और बादल बन जाता है। मानसून की पवनों से धकेले हुए बादल पर्वत की ओर जाते हैं। उससे टकराकर वे बरस पड़ते हैं। इसे ही हम वर्षा कहते हैं।

वर्षा प्रायः आषाढ़-सावन-भादों के महीनों में होती है। पानी से भरे काले-काले बादल जब घिर आते हैं तो बच्चे नाचने-कूदने और किलकारियाँ मारने लगते हैं। बादलों को

देखकर भोर नाचने लगते हैं। सभी जीव-जन्तु, पशु-पक्षी और मनुष्य शीतल पवन (पुरवाई) से खुश हो जाते हैं।

रिमझिम वर्षा की बूंदें बरसती हैं, उस समय का दृश्य देखने योग्य होता है। खेतों और मैदानों में हरी-हरी मखमली घास उग आती है, पेड़-पौधों, बेलों पर हरे पत्ते छा जाते हैं, वन-उपवन में कई प्रकार के फूल खिल जाते हैं। जिधर देखो, हरा-हरा दिखायी देता है। किसान प्रसन्न होते हैं कि अब खूब फसल होगी।

कभी मूसलाधार पानी बरसने लगता है। तब लोग भीगने से बचने के लिए इधर-उधर दौड़ते हैं। गड्ढों, तालाबों, नदियों और झीलों में पानी भर जाता है। लगातार मूसलाधार वर्षा होने से नदियों में बाढ़ आ जाती है। बाद में किनारे के पेड़-पौधे उखड़कर बह जाते हैं। नदी किनारे के गाँवों में पानी आ जाता है। कभी-कभी मकान भी गिर जाते हैं और रास्ते रुक जाते हैं।

वर्षा में कई प्रकार के कीड़े, मच्छर, मक्खी आदि पैदा हो जाते हैं। इससे मलेरिया आदि रोग फैलते हैं। साँप, बिच्छू आदि बिलों से बाहर आ जाते हैं।

हमारे देश की अधिकांश भूमि की सिंचाई का आधार वर्षा ही है। इसीलिए वर्षा को ऋतुओं की रानी कहा जाता है। भारत में वर्षा कभी कम, कभी अधिक होती है। इसीलिए भारतीय कृषि को मानसून का जुआ भी कहते हैं। वर्षा ऋतु में खीर और मालपुए (पूड़े) खाये जाते हैं। वर्षा के आने पर हमारे देश में बहुत खुशियाँ मनाई जाती हैं।

# विद्या और विद्यालय सम्बन्धी निबन्ध

## विद्यालय का पुस्तकालय

पाठ्य-पुस्तकें पढ़कर हम परीक्षाएँ पास करते हैं और आगे बढ़ते जाते हैं। परन्तु यह शिक्षा सीमित है। व्यापक शिक्षा के लिए पुस्तकालय से बढ़कर अन्य कोई साधन नहीं है। यही कारण है कि प्रायः प्रत्येक विद्यालय का अपना पुस्तकालय होता है। हमारे स्कूल में भी पुस्तकालय है और मुझे यह कहने में संकोच नहीं है कि यह पुस्तकालय बहुत अच्छा है। इसकी व्यवस्था भी बहुत अच्छी है। इसकी व्यवस्था का सम्पूर्ण श्रेय पुस्तकालयाध्यक्ष को है। जब से वे पुस्तकालय के अध्यक्ष नियुक्त हुए हैं, तब से नयी से नयी पुस्तकें देखने को मिलने लगी हैं। पत्र-पत्रिकाएँ भी समय पर आने लगी हैं। पुस्तकों पर अच्छी, सुन्दर, मजबूत जिल्दें बँधवाई गई हैं। इससे पुस्तकें पढ़ने को जी चाहता है। पहले फटी हुई पुस्तकें देखकर विद्यार्थी वहीं छोड़ जाते थे। अब वह बात नहीं रही।

यह पुस्तकालय पुस्तकों का विशाल भण्डार है। ज्ञान का सागर है। इसमें सभी को प्रायः अपनी-अपनी रुचि की पुस्तकें प्राप्त हो जाती हैं। हमारे पुस्तकालयाध्यक्ष का कथन है—

"पुस्तकों का सच्चा आनन्द लेना हो तो महान लेखकों की रचनाएँ पढ़कर देखो। उन लोगों ने अपने जीवन के अनेक वर्षों में जो बहुमूल्य अनुभव प्राप्त किये, वे उन्हें पुस्तकों में अंकित करके चले गए। वे पुस्तकें क्या हैं, मानो उन महापुरुषों के साक्षात् दर्शन हैं। या यों समझो कि तुम्हारे पुस्तकालय में अनेक महापुरुष पुस्तकों के रूप में स्वयं विराजमान हैं। जब चाहो तुम उनके दर्शन कर सकते हो और प्रश्न पूछ सकते हो। न जाने किसी पुस्तक की कौन-सी बात तुम्हारे हृदय पर ऐसी अंकित हो जाए कि तुम्हारे जीवन को कंचन बना दे। पुस्तकालय तुम्हारे लिए है, समय भी तुम्हारे पास है और योग्यता भी। बहुत नहीं तो थोड़ा ही स्वाध्याय नियमित रूप से किया करो। पुस्तकों को तुम सबसे अच्छे साथी के रूप में अनुभव करोगे। खाली समय का यही सदुपयोग है कि तुम अपने ज्ञान को अधिक बढ़ाओ।"

हमारे विद्यालय के छात्र न केवल मनोरंजन के लिए, अपितु ज्ञान संवर्धन के लिए पुस्तकें घर भी ले जाते हैं और खाली समय में उनका अध्ययन करते हैं। एक समय एक छात्र को दो पुस्तकें एक साथ मिल जाती हैं। ये पुस्तकें १५ दिन में लौटानी अनिवार्य होती हैं। अन्यथा आर्थिक दण्ड देना होता है। मैंने तो यहाँ से कवीन्द्र रवीन्द्रनाथ टैगोर, लाला लाजपतराय, शरत्चन्द, मुंशी प्रेमचन्द, यशपाल और स्वामी रामतीर्थ की पुस्तकें पढ़ी हैं। मेरा दृष्टिकोण विस्तृत हो गया है और संकीर्णता दूर हो गई है।

हमारे पुस्तकालय में हिन्दी, हिन्दुस्तान, नवभारत टाइम्स, टाइम्स आफ इण्डिया, धर्मयुग, सरिता आदि पत्र-पत्रिकाएँ भी

आती हैं। हम इन्हें प्रतिदिन दस-पन्द्रह मिनट अवश्य पढ़ते हैं। हमारे विद्यालय के छात्रों का सामान्य ज्ञान पर्याप्त ऊँचे दर्जे का है। इसका कारण यह है कि प्रायः प्रत्येक छात्र इस पुस्कालय से लाभ उठाता है।

## विद्यार्थी और फैशन

फैशन का अर्थ है वस्त्र पहनने की कला। इस नाते फैशन कौन नहीं करता? गोरा या काला, मोटा या दुबला प्रत्येक व्यक्ति अपने ढंग से वस्त्र पहनता है। अपने अंगों के डील-डौल के अनुसार उन्हें सिलवा कर प्रयोग में लाता है। अतः वह फैशन करता है। विद्यार्थी हो या अध्यापक, लड़की हो या लड़का, सभी को ऐसा करने का जन्मसिद्ध अधिकार है।

फैशन पर विवाद तब उठ खड़ा होता है, जब हम उसका अर्थ लेते हैं—बनाव-सिंगार। बनाव-सिंगार से दुल्हा-दुल्हन का तो सम्बन्ध हो सकता है, किन्तु छात्र और छात्राओं का नहीं। कारण, अभी वे 'विद्यार्थी' हैं, जिसका अर्थ है विद्या के चाहने वाले। यदि विद्या के चाहने वाले फैशन को चाहने लगे तो क्या वे अपने उद्देश्य से दूर न हट जायेंगे? वही बात होगी, 'आये थे हरि भजन को ओटन लगे कपास।' जब विद्यार्थी फैशन में सीमा का अतिक्रमण कर जायेगा, तो विद्या उससे रूठ जायेगी।

नकल करके वस्त्रों के आयोजन और यत्न में लगे रहने से बढ़कर मूर्खतापूर्ण कार्य अन्य कोई नहीं है।

विद्यार्थियों में कृत्रिम दिखावे की सनक कभी भी इतनी प्रवल नहीं थी, जितनी आज के युग में है। अधिकांश छात्र गली-

मुहल्ले में जिस प्रकार के वस्त्र देखेंगे, वैसे ही वस्त्रों की माँग माता-पिता से करेंगे। ऐसा क्यों? इसलिए कि वे अपने वस्त्रों से और रहन-सहन से स्वयं को इतना धनी दिखाना चाहते हैं, जितने कि वे वास्तव में हैं नहीं। इतना सुन्दर बनना चाहते हैं, जितने वे न कभी थे, न अब हैं और न भविष्य में कभी होंगे। दूसरों की आँखों को प्रसन्न करने के लिए इतना बड़ा आयोजन करके वे केश और वेश के फेर में अपना इतना समय व्यर्थ खो देते हैं कि अन्य महत्त्वपूर्ण कामों के लिए उनके पास न तो समय ही रह जाता है, न रुचि, न धन, न सामर्थ्य ही।

अधिक फैशन—या फैशन के पीछे बावले होना समय और धन का अपव्यय है। यह विद्यार्थियों के लिए बहुत महँगा सौदा है। यह जीवन-विकास में बाधक है।

## बाल पुस्तक मेला

मैं सहपाठियों के साथ बाल पुस्तक मेला देखने गया। भारत की भिन्न-भिन्न भाषाओं, लिपियों और उनमें प्रकाशित नाना प्रकार के साहित्य की झाँकी प्राप्त करने के लिए यह प्रदर्शनी अनोखा साधन थी। मैं भी अपने स्कूल के २०० छात्रों के साथ यह मेला देखने गया। मेला देखने से यह भी पता चला कि भारत में इस समय पुस्तक-प्रकाशन में दिल्ली सबसे आगे है। दिल्ली के बाद कलकत्ता, मद्रास, बम्बई, इलाहाबाद, बनारस, आगरा, बंगलौर और पटना का नाम आता है।

अहा! पुस्तकें, अच्छी-अच्छी पुस्तकें, प्यारी-प्यारी पुस्तकें, रंग-बिरंगी पुस्तकें, विविध विषयों की ज्ञानदायिनी पुस्तकें,

विज्ञान की पुस्तक, रोचक मनोरंजन कहानियों की पुस्तकें, हास्य-कथाओं की पुस्तकें देख-देखकर जी ललचाता था कि सबको ले लें, किन्तु यह असम्भव ही तो था।

भारतीय प्रकाशकों के मण्डपों पर सजी-धजी पुस्तकों को देखकर अपार हर्ष होता था कि पाठ्य-पुस्तकों के अतिरिक्त कितना साहित्य प्रकाशित हो चुका है। परन्तु साथ ही यह भी मन में आया कि अभी तक हमारे देश के छात्र व छात्रा पाठ्य-पुस्तकों के सिवा, लाइब्रेरी से लेकर पुस्तकों को बहुत कम पढ़ते हैं। बाल पुस्तक मेले का एक लाभ तो अवश्य हुआ कि लाखों छात्रों के मन में पाठ्येतर पुस्तकें पढ़ने का चाव जागा।

भारतीय प्रकाशकों के मण्डपों के बाद जापान, अमेरिका तथा रूस के मण्डप देखकर तो लगा कि हम सपनों की दुनिया में आ गए हैं। रंग-बिरंगी चमकीली-भड़कीली (ग्लासी), तड़क-भड़क वाली पुस्तकें, पिक्चर, पजल्ज, जासूसी, तिलस्मी, किस्से-कहानी, कार्टून, विज्ञान, वैज्ञानिक कहानियाँ, इक्कीसवीं सदी का संसार आदि पुस्तकें देखकर तो हम देखते ही रह गए। विदेशी प्रकाशकों की पुस्तकें कई बातों में हमारे देश के प्रकाशकों से बढ़-चढ़कर दिखाई दीं—कागज, छपाई, जिल्द-बन्दी और चित्रों में वे बहुत आगे हैं। प्रदर्शनी का यह लाभ भी अवश्य होगा कि हमारे देश के प्रकाशक अपने प्रकाशनों का स्तर ऊँचा करने की ओर प्रवृत्त होंगे।

बाल पुस्तक मेले में, एक मास के दौरान लाखों बाल-बालिका आये होंगे। मैं तो कहता हूँ कि जिन्होंने यह मेला नहीं देखा, वे घाटे में रहे।

# बाल-दिवस

बाल-दिवस प्रतिवर्ष १४ नवम्बर को मनाया जाता है। उस दिन बालक-बालिकाएँ नयी दिल्ली के 'नेशनल स्टेडियम' में एकत्र होते हैं। वे सफेद वस्त्र पहने पहले अपने-अपने स्कूल में इकट्ठे होते हैं। उनके हाथों में झण्डे होते हैं। वे नारे लगाते और पथ-प्रचलन (मार्च) करते हुए 'नेशनल स्टेडियम' की तरफ जाते हैं। वहाँ खेल-कूद का प्रदर्शन होता है। उन्हें कागज का एक-एक गुलाब का फूल दिया जाता है तथा खाने की चीजें (केला, सन्तरा, सेब, बिस्कुट आदि) दी जाती हैं।

१५ अगस्त, १९४७ को भारत स्वतन्त्र हुआ। तब पं० जवाहरलाल नेहरू प्रधानमन्त्री बने। उनका जन्मदिवस भी १४ नवम्बर को पड़ता है। इसलिए भारत में बाल-दिवस को उनके जन्मदिवस के साथ मनाया जाने लगा। नेहरूजी इस दिन अपने व्यस्त जीवन में से कुछ समय निकालकर बच्चों से मिलते थे। ये क्षण आमोद-प्रमोद तथा विनोद के होते थे।

नेहरूजी के बाद जो प्रधानमन्त्री आये, उन्होंने बाल-दिवस में शामिल होकर यह परम्परा जारी रखी। बाल-दिवस की तैयारी एक-दो सप्ताह पूर्व, स्कूलों में आरम्भ हो जाती है। ड्रिल, सामूहिक प्रचलन (परेड), नृत्य, संगीत, नाटक आदि की रिहर्सल की जाती है। बाल-दिवस के दिन रंगारंग कार्यक्रम किये जाते हैं।

जैसा कार्यक्रम नयी दिल्ली के 'नेशनल स्टेडियम' में होता है, वैसा ही राज्यों (प्रदेशों) की राजधानियों तथा छोटे-बड़े नगरों में भी होता है।

देश के बड़े नेताओं को भी बाल-दिवस में अवश्य भाग लेना चाहिए तभी बालक-बालिकाओं का उत्साह बढ़ सकता है। नेता लोग विद्यार्थियों को चरित्र-निर्माण, देशभक्ति तथा कर्तव्य-परायणता का उपदेश दे सकते हैं।

बच्चे राष्ट्र की निधि हैं। बाल-दिवस से हमें यही सीखना चाहिए कि हम बालक-बालिकाओं का उचित सम्मान करें। उन्हें डाँटना-फटकारना, बात-बात पर झिड़कना, उन्हें नीचा या तुच्छ समझना तथा उनमें हीन भावनाएँ भरना उचित नहीं।

बाल-दिवस बच्चों के उल्लास का पर्व है।

## मेरे विद्यालय का वार्षिक उत्सव

हमारे विद्यालय का वार्षिकोत्सव प्रतिवर्ष बड़ी धूमधाम से मनाया जाता है। एक सप्ताह पहले इस उत्सव की तैयारियाँ शुरू हो जाती हैं। कुछ अध्यापक और विद्यार्थी सांस्कृतिक कार्यक्रम की तैयारी करते हैं तो कुछ विद्यालय को सजाने में लगते हैं। कुछ विद्यार्थी और अध्यापक अतिथियों को निमन्त्रण-पत्र भेजने व अन्य तैयारियों में लग जाते हैं।

हमारे विद्यालय का वार्षिकोत्सव 'वसन्त पंचमी' के दिन मनाया जाता है। इस वर्ष भी यह उत्सव बड़ी धूमधाम से मनाया गया। विद्यालय को भली प्रकार सजाया गया। चारों ओर एक नयी जागृति दिखाई देती थी। हाल के बाहर रंगमंच बनाया गया था। समारोह आरम्भ होने से पहले ही अतिथि पधार चुके थे। मुख्य अतिथि शिक्षा निदेशक महोदय थे। वही समारोह के अध्यक्ष भी थे। पाँच बजे शिक्षा निदेशक महोदय

पधारे। प्रिंसिपल महोदय और प्रबन्ध समिति के प्रधान ने पुष्पहार से उनका स्वागत किया। स्कूल के स्काउटों ने हर्ष भरे 'जय' के गगनभेदी घोष से मान्य अतिथि का स्वागत किया। मुख्य अतिथि महोदय रंगमंच पर पधारे तो समस्त जनसमूह और विद्यार्थी हर्ष और उल्लास से करतल ध्वनि करने लगे।

सभापति द्वारा आसन ग्रहण करते ही समारोह आरम्भ हुआ। प्रधानाचार्य महोदय ने शिक्षा निदेशक महोदय का स्वागत किया। तब स्कूल के विद्यार्थियों ने रंगारंग कार्यक्रम प्रस्तुत किया। फिर उत्सव का मुख्य कार्यक्रम आरम्भ हुआ योग्य विद्यार्थियों को पारितोषिक दिये गये। करतल ध्वनि से सभा-मण्डप गूँज उठा। पारितोषिक प्राप्त करने वाले विद्यार्थी सभापति महोदय का अभिवादन करते और फिर उनके कर-कमलों से पुरस्कार प्राप्त करते। इसके पश्चात् सभापति महोदय ने विद्यार्थियों को अपना सन्देश और आशीर्वाद दिया।

राष्ट्रीय गीत 'जन-मन-गण' की धुन बजायी गई। तदनन्तर उत्सव समाप्त हुआ। इसके पश्चात् स्कूल के हाल में पारितोषिक प्राप्त करने वाले विद्यार्थियों के साथ शिक्षा निदेशक महोदय का एक ग्रुप फोटो लिया गया। इस प्रकार यह उत्सव धूमधाम और उत्साह से सम्पन्न हुआ।

## मेरे जीवन का लक्ष्य : डाक्टर बनना

मेरे जीवन का क्या लक्ष्य है ? दूसरे शब्दों में—शिक्षा पूर्ण करने के उपरान्त मैं क्या करना चाहता हूँ ?

इस प्रश्न का उत्तर तो आपको तब मिलेगा, जब आप थोड़ी देर के लिए मेरे घर पधारें तथा मेरे कमरे में आकर कुछ

समय बितायें।

मेरे कमरे में एक अलमारी है, जिसमें भौतिकी, रसायन शास्त्र तथा जीव विज्ञान की (अंग्रेजी तथा हिन्दी में) अनेक पुस्तकें भरी पड़ी हैं। मेरी अपनी एक छोटी-सी प्रयोगशाला है, जो एक छोटी-सी मेज तथा एक अलमारी तक ही सीमित है। फिर भी विज्ञान सम्बन्धी जो भी प्रयोग मैं स्कूल में करता हूँ उन्हें घर आकर अवश्य दोहराता हूँ।

इस अलमारी को आप खोलें, तो शायद डर जायेंगे—इसमें एक पूरा नर-कंकाल है। मनुष्य-शरीर और अस्थि-रचना का पूरा ज्ञान प्राप्त करने के लिए मैं इसे मोल लाया हूँ।

दादीजी मेरे कमरे को कबाड़खाना कहती हैं और माताजी मेरी हरकतों को 'अजीब करतूतें' कहती हैं। परन्तु पिताजी मेरी चेष्टाओं की सदा सराहना करते हैं और कभी-कभी प्यार से कहा करते हैं—"मेरा बेटा डाक्टर बनेगा और गरीब जनता की सेवा करेगा।"

मेरे पिताजी सचमुच मेरे हृदय की बात कहते हैं। मेरे जीवन का लक्ष्य है डाक्टर बनकर गरीबों की सेवा करना।

मेरे लिए यही दुनिया की दौलत है। यही सबसे पवित्र साधना है। मैं सारी दुनिया के सुख तथा धन को त्याग सकता हूँ परन्तु अपने उद्देश्य को नहीं छोड़ सकता—अपने उद्देश्य को नहीं भूल सकता। मैंने सब प्रकार की फिजूलखर्ची छोड़ दी है तथा विज्ञान एवं चिकित्सा की पत्रिकाओं के वार्षिक चन्दे भेज दिये हैं। ये पत्रिकाएँ समय पर मेरे घर आती हैं और मैं उन्हें मनोयोग से पढ़ता भी हूँ। मेरा जीवन-लक्ष्य है—डाक्टर बनना।

# वर्णनात्मक निबन्ध

## हमारा देश भारत

अभी संसार में सभ्यता का सूर्योदय भी नहीं हुआ था, जब भारत के ऋषि वेदों की रचना कर रहे थे। ऋषि-मुनियों ने सर्वप्रथम ज्ञान का प्रकाश देकर विश्व के मनुष्य को जीवन का पथ दिखाया था। उपनिषदों के ज्ञान से मानवता को नया दर्शन मिला था।

जिस देश में गंगा बहती है, वही भारतवर्ष मेरा देश है। उत्तर में संसार का सबसे ऊँचा पर्वत हिमालय अपनी रुपहली चोटियों के साथ हीरे और चाँदी के श्वेत मुकुट के समान इसके मस्तक की शोभा बढ़ा रहा है। गंगा, यमुना, ब्रह्मपुत्र, सिन्धु जैसी नदियाँ इसके गले में मोतियों की माला की तरह शोभा देती हैं। हिन्द महासागर की शीत लहरें प्रतिक्षण इसके चरण कमलों को धोकर प्रशंसा के मधुर गीत गाया करती हैं। बद्रीनाथ, केदारनाथ, जगन्नाथपुरी, गया, वाराणसी, प्रयाग, द्वारका, रामेश्वरम जैसे महान और पवित्र तीर्थस्थान इसके अंक में बसे हुए हैं, वही भारत मेरा देश है।

प्रकृति का समस्त सौन्दर्य जिस देश की स्थायी सम्पत्ति है,

पृथ्वी का स्वर्ग कश्मीर जिसे केसर के फूल भेंट करता है, संसार का आठवाँ आश्चर्य ताजमहल जिसकी कला का विज्ञापन विश्व-भर में किया करता है, अजन्ता और ऐलोरा की विख्यात गुफाएँ जिसके अतीव गौरव को सँजोए हुए हैं, महाराष्ट्र की भूमि, राजस्थान का इतिहास, बंगाल और पंजाब की वीर-गाथाएँ जिसकी स्वतन्त्रता की साक्षी हैं—वही मेरा देश है। कुरुक्षेत्र, अयोध्या, मथुरा, नालन्दा, लखनऊ, दिल्ली जैसी नगरियों में जिसकी विविध पुण्यस्मृतियाँ आज भी जीती-जागती हैं, वही राम, कृष्ण, बुद्ध और नानक की जन्मभूमि मेरा देश है।

भारतवर्ष को जगद्गुरु की उपाधि मिली थी। इसे सोने की चिड़िया कहा जाता था। संसार के कोने-कोने से विद्यार्थी यहाँ विद्या ग्रहण करते थे। अशोक, विक्रमादित्य, हर्ष, स्कंदगुप्त जैसे चक्रवर्ती सम्राट् इसके रक्षक थे। वाल्मीकि, कालिदास, तुलसीदास, सूरदास आदि महाकवियों ने इसी का अन्न-जल खाकर विश्व के अमर साहित्य की रचना की थी। राणा प्रताप और शिवाजी ने इसकी मान-मर्यादा के लिए जीवन-भर तपस्या की थी। लक्ष्मीबाई, तांत्या टोपे से लेकर तिलक, गांधी, सुभाष और नेहरू जैसे वीर सपूतों ने जिसको विदेशी शासन से मुक्त कराने के लिए स्वतन्त्रता संग्राम में अपना तन, मन, धन न्योछावर कर दिया, मैं उसी देश का वासी हूँ।

आज मेरा भारतवर्ष विश्व का एक विशाल प्रजातन्त्रात्मक गणराज्य है। यह देश विकास की सीढ़ी पर धीरे-धीरे, परन्तु दृढ़ता के साथ आगे बढ़ता ही जा रहा है।

# दिल्ली : भारत की राजधानी

दिल्ली भारत की राजधानी है। इसके पुराने नाम हैं—इन्द्रप्रस्थ, तुगलकाबाद आदि। यह बहुत पुरानी नगरी है, जो कई बार उजड़ी और कई बार बसी है।

पहले पाण्डव यहाँ के शासक थे। फिर चौहान वंश के राजा पृथ्वीराज ने यहाँ राज्य किया। फिर पठान शासकों का राज्य रहा। उनके बनाये किले, कुतुबमीनार, मकबरे आदि अब भी उनकी याद दिलाते हैं।

मुगलकाल में दिल्ली की बहुत उन्नति हुई। अकबर के पोते और जहाँगीर के पुत्र शाहजहाँ ने यहाँ जामा मस्जिद और लालकिले का निर्माण कराया। ये आज भी ज्यों-के-त्यों खड़े हैं, जैसे अभी-अभी बनाए गये हों।

दिल्ली में देखने योग्य स्थान बहुत हैं। पुराना किला, कुतुबमीमार, लालकिला, गौरीशंकर मन्दिर, गुरुद्वारा सीसगंज, लक्ष्मी नारायण मन्दिर (बिरला मन्दिर) आदि देखने ही योग्य हैं।

इनके अतिरिक्त चिड़ियाघर, अजायबघर, जन्तर-मन्तर आदि भी देखने योग्य हैं। बागों में रोशनारा बाग, कम्पनी बाग, ताल कटोरा गार्डन, लोदी बाग, बुद्ध विहार (बुद्धा गार्डन) आदि भी दर्शनीय हैं।

चाँदनी चौक, खारी बावली, कनॉट प्लेस, राजेन्द्र प्लेस, नेहरू प्लेस, करोल बाग, सदर बाजार आदि यहाँ के मुख्य बाजार हैं। यहाँ स्वतन्त्रता (१९४७) के बाद बीसियों नयी बस्तियाँ बसाई गई हैं—जैसे राजेन्द्र नगर, पटेल नगर, मोती

नगर, कीर्तिनगर, रमेशनगर, राजोरी गार्डन, तिलक नगर, मालवीय नगर, वसन्त विहार, सुन्दर नगर, किदवई नगर आदि-आदि। जनकपुरी यहाँ की नयी और सबसे बड़ी बस्ती है।

नयी दिल्ली अंग्रेजों के राज्य में बनी थी। केन्द्रीय सचिवालय, संसद् भवन तथा राष्ट्रपति भवन नयी दिल्ली में ही हैं। नयी दिल्ली में अनेक भवन कई-कई मंजिलों के हैं, जो देखते ही बनते हैं।

दिल्ली रेलों का, व्यापार का और शिक्षा का बहुत बड़ा केन्द्र है। दिल्ली संसार के सबसे बड़े जनतन्त्र भारत की राजधानी है।

## जलते हुए भवन का दृश्य

स्कूल की छुट्टी हुई। मैंने अपनी पुस्तकें समेटीं। अपनी साइकल लेकर मैं अपने घर की ओर चला। अचानक जोरदार 'टनटन', 'टनटन' की आवाज सुनकर मैं चौंक पड़ा। साइकल से उतरकर एक ओर खड़ा हो गया। इतने में टनटन का कोलाहल करती हुई अग्निशमन दस्तों की सात गाड़ियाँ मेरे सामने से गुजरीं। उनका रास्ता खाली करके मोटरें, बसें, स्कूटर, ताँगे, ट्रक आदि वाहन एक ओर हट गये थे। मैं समझ गया कि कहीं भयंकर आग लगी है।

मैं अपनी साइकल पर सवार होकर अग्निशमन वालों की गाड़ियों के पीछे चला। गाड़ियाँ न्यू रोहतक रोड पर रुक गईं।

वहाँ एक भवन को भीषण आग की लपटों ने घेरा हुआ

था। लोग हाहाकार कर रहे थे। सैंकड़ों लोगों की भीड़ को चीरकर अग्निशमन वालों ने पानी के पाइपों से गाड़ी में लगे पानी ऊपर फेंकने वाले पाइप जोड़े और आग बुझाने में जुट गए।

लपटें हू-हू का शोर करती हुई आकाश में उठ रही थीं। यह चार मंजिला विशाल भवन सड़क पर ही था। नीचे उसमें दुकानें थीं और ऊपर के फ्लैट्स में कोई सोलह परिवार रहते थे। इतना भीषण अग्निकाण्ड मैंने कभी नहीं देखा। अग्निशमन दस्ते वाले जब पानी की मोटी धारें जलते भवन पर फेंकते, तो लगता कि आग और भी भड़क रही है, मानो आग पर पानी नहीं, बल्कि तेल डाला जा रहा हो। हवा भी कहती थी—'आज ही चलना है।'

आग अभी तक चौथी और तीसरी मंजिल तक ही लगी हुई थी और वहाँ के लोग अपने बच्चों तथा अपने सामान सहित पहले ही नीचे आ चुके थे, क्योंकि उस समय आग इतनी नहीं भड़की थी। अब बाकी दोनों मंजिलों के लोग जरूरी सामान निकाल रहे थे और भारी शोर मचा हुआ था। दर्शकों की भीड़ को रोकने में पुलिस को बहुत कठिनाई हो रही थी।

अग्निशमन दस्ते वालों ने आग पर तीन ओर से आक्रमण कर दिया था। परन्तु आग वश में न आ रही थी। एक स्थान पर जरा आग दबती तो दूसरी तरफ से भड़क उठती। अब दूसरी मंजिल तक आग बढ़ गई थी। एक फ्लैट पूरी तरह घिर गया था।

एक स्त्री ने शोर मचा रखा था। उसका शिशु कमरे में सोया रह गया था। उस स्त्री का रोना-चिल्लाना सुनकर अग्नि

शमन दस्ते के एक अफसर ने धीरज दिया। फिर वहाँ तुरन्त अग्निशमन वालों ने अपनी सीढ़ियाँ लगायीं और वह अफसर बेधड़क होकर ऊपर जा चढ़ा। खिड़की से भीतर कूदकर वह शिशु को गोद में उठाकर जब बाहर आया तो लोग हर्ष से चिल्ला पड़े—'शाबाश, धन्य है।' कई घण्टों के अथक परिश्रम के बाद आग पर काबू पाया जा सका। लाखों का सामान जल कर खाक हो गया। मैंने अपने जीवन में ऐसा भयंकर अग्निकाण्ड पहले कभी नहीं देखा था।

## मेरी शिमला यात्रा

मेरे विचार में तो गर्मियों की छुट्टियाँ सैर-सपाटे में बितानी चाहिए। यदि हम घर पर ही रहें, तो छुट्टियों का लाभ ही क्या है?

हमारी परीक्षा अप्रैल की २० तारीख तक समाप्त हो गई थी। मई की पहली तारीख को परिणाम घोषित हो गया। मैं अपनी कक्षा में प्रथम रहा था। स्कूल में साथी छात्रों ने मुझे बधाइयाँ दीं। अध्यापकों ने प्रशंसा की। घर पहुँचा तो माता जी ने गले लगा लिया।

मैंने कहा—'माताजी! अब तो मैं शिमला जरूर जाऊँगा। १५ मई से दो महीने के लिए गर्मियों की छुट्टियाँ हो रही हैं।' माताजी ने मेरी बात झट मान ली। पिताजी को दफ्तर से छुट्टी न मिली। मैं अपनी माताजी और बड़े भैया के साथ १६ मई को शिमला के लिए चला। पहले भी मैं रेलगाड़ी पर सवार हो चुका था; परन्तु इस बार मेरे मन में अधिक उत्साह था।

अभी तक मैंने पहाड़ का कोई नगर नहीं देखा था।

कालका तक तो हमारी यात्रा में कोई नयी बात न थी। परन्तु कालका से हम जब छोटी रेलगाड़ी में सवार हुए, तो मुझे बहुत अच्छा लगा। मैंने सोचा—मैं भी छोटा हूँ और यह गाड़ी भी छोटी है। इसलिए यह मुझे अच्छी लगती है। छोटी गाड़ी साँप की तरह बल खाती हुई चली। आगे चलकर सुरंग आ गई। अँधेरा दूर करने के लिए गाड़ी में बत्तियाँ जला दी गईं। इस तरह की शायद १०० छोटी-बड़ी सुरंगें आयीं। ठण्डी हवा के झौंके मेरे बालों को उड़ा रहे थे। दिल्ली की गर्मी भूल गया था। सुन्दर से सुन्दर दृश्य देखते हुए हम शिमला पहुँचे।

शिमला में हम मामा के घर कुसुमपट्टी में ठहरे। हर रोज मामाजी, भैया और मैं नयी से नयी जगह देखने जाते। जाखू, अनंडेल, मशोबरा, फलावरडेल, समरहिल और चेडविक फाल देखकर खुशी से हमारा लहू बढ़ गया। हमारी सेहत बहुत अच्छी हो गई।

कुसुमपट्टी में हमारे कई मित्र बन गये थे। वे कभी हमें अपने घर चाय पर बुलाते और कभी हम उन्हें चाय पर बुलाते। दोपहर को कई बार ताश की चौकड़ी जम जाती। उसमें कई बार झगड़े और तू-तू, मैं-मैं का अवसर भी आ जाता। किन्तु शीघ्र ही हम अपनी भूल पर हँसते और कभी मित्रों में मनमुटाव की नौबत न आती।

## ताजमहल

ताजमहल भारत की वास्तुकला का एक उत्कृष्ट, उज्ज्वल प्रतीक है। विश्व के सात आश्चर्यों में से एक ताजमहल भी है।

आज भी ताजमहल दो दिलों के प्रेम की कहानी सुना रहा है। भारत विद्या एवं कला के लिए संसार का गुरु रहा है। उसने स्थापत्य कला के क्षेत्र में असाधारण उन्नति की है। और ताजमहल उस कला का जीता-जागता प्रतीक है।

ताजमहल उत्तर प्रदेश के प्रसिद्ध नगर आगरा में यमुना नदी के दायें किनारे पर संगमरमर के चबूतरे के ऊपर खड़ा है। आगरा फोर्ट से उतरकर लगभग दो मील चलने पर ताजमहल दिखाई देता है। इसके बाहर एक विशाल द्वार है जो लाल पत्थरों का बना हुआ है। इसके दोनों ओर श्वेत पत्थरों पर कुरान की आयतें लिखी हुई हैं। यहाँ पर एक संग्रहालय में मुगल सम्राटों के चित्र एवं अस्त्र-शस्त्र रखे हैं। मुख्य भवन के आगे दोनों तरफ वृक्षों की कतारें हैं। जहाँ-तहाँ पानी के फव्वारे बने हुए हैं। फर्श पर हरी दूब इतने कलात्मक ढंग से काटी गई है कि देखते-देखते मन नहीं थकता। एक छोटे से तलाब में लाल और नीले कमल बड़े सुहावने दिखाई पड़ते हैं। इसमें रंग-बिरंगी मछलियाँ तथा उनके क्रीड़ा करने से आन्दोलित लहरियाँ मन को मोह लेती हैं। सरोवर के चारों ओर संगमरमर के बेंचों पर दर्शक बैठकर अपलक नेत्रों से ताजमहल की श्वेतिमा को निहारते हैं।

ताजमहल का मुख्य भवन बड़ा ही भव्य है। वहाँ पर संगमरमर का चबूतरा इतना स्वच्छ है कि उसमें प्रतिबिम्ब स्पष्ट दिखाई देता है। उसमें कहीं भी मलिनता दृष्टिगोचर नहीं होती। ताजमहल शाहजहाँ की प्रियतमा मुमताजमहल के अमर प्रेम का उज्ज्वल स्मारक है।

श्वेत संगमरमर से निर्मित चार उच्च मीनारें ताजमहल

के चारों तरफ सजग प्रहरी की भाँति खड़ी हैं। ऊपर का दृश्य देखने के लिए इन मीनारों में से अन्दर ही अन्दर सीढ़ियों से होकर जाना पड़ता है। ताजमहल की पच्चीकारी देखने योग्य है। प्रतीत होता है यहाँ दो प्रेमी आज भी ध्यानमग्न हैं। इनकी समाधियों के चारों तरफ जालीदार परिक्रमा है। समाधियों पर बहुमूल्य पत्थरों की नक्काशी देखकर आश्चर्य होता है।

सचमुच ताजमहल मानव की कारीगरी का उत्कृष्ट नमूना है।

## बस यात्रा का अनुभव

दिल्ली भारत का दिल है। यह भारत के केन्द्र अर्थात् मध्य विन्दु पर स्थित न होते हुए भी अनेक शताब्दियों से भारत की राजधानी रही है। कहा जाता है कि जो दिल्ली नगर सोचता है, वही सारा भारत सोचता है। स्वाधीनता से पूर्व भी दिल्ली को भारत की राजधानी होने का सौभाग्य प्राप्त था, स्वतन्त्रता के बाद भी इसका वह अधिकार बना रहा। दिल्ली का नवीन भाग 'नयी दिल्ली' अंग्रेजों द्वारा सन् १९१२ में निर्मित हुआ। राष्ट्रपति भवन, संसद् भवन, केन्द्रीय सचिवालय तथा केन्द्रीय कार्यालय भी यहीं हैं।

१५ अगस्त को. जब भारत स्वतन्त्र हुआ, तो पश्चिमी पंजाब तथा सीमा प्रान्त से लाखों लोग यहाँ आकर बस गए। जो दिल्ली ५ लाख की नगरी थी वह आज ८० लाख का महानगर है।

इतने बड़े नगर में एक स्थान से दूसरे स्थान पर जाना

कठिन समस्या है। यों ताँगे, स्कूटर, रिक्शा, फोरसीटर, प्राइवेट बसें तथा टैक्सियाँ भी मिलती हैं। परन्तु सब जगह पहुँचाने वाली सस्ती सवारी दिल्ली परिवहन की बसें ही हैं।

दिल्ली में दिन-प्रतिदिन नये उपनगर बनते गए, आबादी बढ़ती गई और यातायात की समस्या विकट होती गई।

दिल्ली के इर्द-गिर्द—गोलाकार में दोहरी, बड़ी और पक्की सड़क बनाई गई हैं। इस प्रकार मुद्रिका और तीव्र मुद्रिका के नाम से एक और बस-सेवा चालू की गई है। ये बसें रिंग रोड पर स्थित प्रत्येक उपनगर तथा उसकी समीपवर्ती कालोनियों की आवश्यकता पूर्ण करती हैं।

परसों मैं पंजाबी बाग से लाजपतनगर के लिए मुद्रिका पर सवार हुआ। पचहत्तर पैसे की टिकट तो मैंने ले ली लेकिन बस में तिल धरने को जगह नहीं थी। सारी सीटें खचाखच भरी थीं। और प्रत्येक सीट पर दो-दो की बजाय तीन-तीन यात्री बैठे हुए थे। बीच की जगह पर तीन लाइनें बनी हुई थीं। द्वार के दायीं ओर का स्थान खचाखच भरा हुआ था। बस बहुत तेजी से चली। रास्ते में बस जिस स्टाप पर भी ठहरती, कुछ और यात्री धक्का-मुक्की करके चढ़ जाते थे। उतरने का कोई नाम ही नहीं ले रहा था। कुछ स्थानों पर यदि एक-दो यात्री उतरे भी, तो जोर लगाकर ५-६ यात्री और चढ़ गए। अब साँस लेना भी कठिन हो रहा था। धौलाकुआँ जाकर कोई १५ यात्री उतरे तो साँस लेने को कुछ जगह हुई। फिर ५-६ यात्री मोतीबाग और इतने ही नौरोजी नगर उतरे, लेकिन इतने चढ़ भी गए। सफदरजंग हस्पताल के स्टाप पर काफी यात्री उतर गए। मुझे तब मुश्किल से बैठने को स्थान मिला।

दिल्ली परिवहन निगम की मुद्रिका सेवा है तो बड़े काम की, परन्तु यदि और अधिक बसें चलायी जाएँ, तभी यात्रियों के कष्ट दूर हो सकते हैं।

## मोर

मोर पक्षियों का राजा है और भारत का राष्ट्रीय पक्षी है। यह पक्षियों में सबसे निराला है—सबसे सुन्दर है। बाल-बालिका मोर को देखने के लिए बहुत उत्सुक रहते हैं।

मोर बड़े-बड़े वृक्षों पर रहता है। सवेरा होते ही वह अचानक 'कें-कें' बोल उठता है। उसकी बोली बहुत प्यारी होती है।

मोर पक्षी का शरीर बहुत बड़ा और भारी होता है। इसके पंख बहुत घने, भारी तथा लम्बे होते हैं। उस पर अनगिनत चाँद से बने होते हैं। पंखों का रंग चमकीला-सुनहरा-जामनी-नीला होता है। संसार में किसी भी पक्षी के पंख इतने सुन्दर नहीं होते। मोरनी के पंख लम्बे नहीं होते। उसका शरीर भी इतना सुन्दर नहीं होता।

जब बादल घिर आते हैं या जब सूर्य अस्त होने लगता है तब मोर नाचता है। इसका नाच बहुत प्यारा होता है। यह ताल के साथ नाचता-थिरकता है। जब ताल पर यह जमीन पर पाँव मारता है, तब इसके सारे पंख सिहरते हैं और उनसे सरसर की आवाज होती है। मोर थिरक-थिरककर नाचता हुआ पाँव का ठुमका देता है। अपने नाच पर मुग्ध होकर मोर अपनी कलगी सीधी-ऊँची कर लेता है। जब मोर

नाच रहा हो तो उसके पास नहीं जाना चाहिए। नहीं तो वह अपने पंख समेटकर नाचना बन्द कर देता है।

बीज, फल और कीड़े आदि मोर का भोजन हैं। वह साँपों को मार डालता है। इस तरह यह साँपों से मनुष्य को बचाता है। यह मनुष्य का उपकार करने वाला पक्षी है।

वनों, बागों और मन्दिरों में भी बहुत से मोर रहते हैं। ये दिन में पेड़ों से नीचे उतर आते हैं। मोर जब नाचते हैं, तो मोरनी पास खड़ी गर्व से उसका नाच देखती रहती है। मोर के पैर सुन्दर नहीं होते। परन्तु उन पैरों का नाच बहुत सुन्दर होता है। भारत को अपने मोर पक्षी पर गर्व है।

## चिड़ियाघर

चिड़ियाघर वह स्थान होता है जहाँ तरह-तरह के पशु और पक्षी रखे जाते हैं। यह देखने योग्य जगह होती है। बालक-बालिकाएँ बड़े चाव से चिड़ियाघर की सैर को जाते हैं।

पिछले महीने मुझे दिल्ली के चिड़ियाघर की सैर का अवसर मिला। हमारी कक्षा के सभी विद्यार्थी हमारे साथ थे। हमारे खेल अध्यापक हमारे दल के संरक्षक थे।

हम बस द्वारा चिड़ियाघर के निकट पहुँचे। मुख्य द्वार पर पहुँचकर हमने अपनी-अपनी टिकट खरीदी। उसके बाद हम गेट में से चिड़ियाघर के अन्दर प्रविष्ट हुए।

मैं यह कहे बिना नहीं रह सकता कि चिड़ियाघर देखने योग्य है। यह छोटा-वन है। इसके कई विभाग हैं। पहले हम पक्षियों के विभाग में गए। वहाँ मोर अपने पंख फैलाकर नाच

रहा था। मोरनी उसके पास खड़ी नाच देख रही थी। आगे चले तो जालीदार कमरे में सफेद, भूरे, काले आदि रंगों के कबूतर दिखाई दिये। वे 'गुटरगूँ' बोल रहे थे। इसके आगे रंग-बिरंगी चिड़िया दिखाई दीं। आगे हमने तोता, मैना, चील, कबूतर, खुटबढ़ई, बाज और उल्लू देखे। दिन के समय सोये हुए उल्लुओं को देखकर हमें बहुत हँसी आयी।

एक बनावटी झील थी। इसमें बतखें तैर रही थीं। किनारे पर कुछ बगुले एक टाँग पर खड़े थे। एक हंसों का जोड़ा तट पर किलोल कर रहा था। कुछ छोटे-बड़े मेढ़क टर्रा रहे थे। वे कभी पानी से बाहर आते और कभी फिर पानी में छलाँग मार जाते थे।

आगे चलने पर हमें पिंजरों में सिंह, बाघ, चीते, भालू आदि भयंकर जीव दीखे। इसके आगे बन्दर और लंगूर चिल्ला रहे थे। लोग उनके आगे चने डाल रहे थे।

सबसे चकित हम तब हुए जब हमने शुतुरमुर्ग, कंगारू और जेबरा देखे। शुतुरमुर्ग आस्ट्रेलिया का पक्षी है, जिसकी ऊँचाई ऊँट जितनी है। मादा कंगारू के पेट में थैली थी, जिसमें उसने बच्चा रखा हुआ था। जेबरा के शरीर पर ऐसी धारियाँ थीं कि मानो चित्रकार ने कूँची से चित्रित की हों। अब हम थक चुके थे। एक जगह हरी घास पर बैठकर हमने वह खाने का सामान खाया जो हम घर से लाये थे।

चिड़ियाघर की यह सैर हम कभी न भूलेंगे।

# एक फूल की अपनी कहानी

मैं फूल हूँ। खुले आकाश के नीचे मेरा आवास है। ग्रीष्म, वर्षा, शीत को सहन करने का मुझे अभ्यास है। मैं वायु के मन्द-मन्द झौंकों में नाचता हूँ, परन्तु प्रचण्ड पवन के झौंकों को भी हँसते-हँसते सहन करता हूँ। दूसरों को अपने रूप, सौन्दर्य, गन्ध तथा कोमलता द्वारा प्रसन्न करना ही मेरा काम है। मैं सदा प्रसन्न मन हूँ, इसीलिए कवि मुझे 'सुमन' कहकर पुकारते हैं। मेरे चारों ओर काँटे रहते हैं। वे मेरी रक्षा करते हैं, परन्तु वायु के झौंके आने पर कई बार वे मुझे बहुत चुभते है। परन्तु मैं फिर भी 'आह' नहीं करता।

मुझे तोड़ने के लिए जिसका हाथ बढ़ता है, मैं उनपर रुष्ट नहीं होता, बल्कि माला में पिरोया जाने पर उसके गले का हार बनता हूँ। मैं फूल हूँ।

मैं सुनहले प्रभात में खिल उठता हूँ। परन्तु अन्धकार भरी रात्रि में भी भयभीत नहीं होता। बल्कि मुस्कराता ही रहता हूँ। मेरा मन सदा सन्तुलित रहता है—सुख-दुःख में एक ही समान।

मैं अपने मित्रों में रहकर बहुत प्रसन्न होता हूँ। श्वेतकमल, नीलकमल, रक्तकमल, स्वर्णकमल, गुलदाऊदी, गुलमोहर, अमलतास, जूही, चमेली, नरगिस, मोतिया, जपा (गुडहल), रात की रानी, चम्पा—आदि-आदि मेरी अनेक जातियाँ हैं। मेरा हर रूप सुन्दर है—हर जाति कमनीय है।

बागों, नदियों, तालाबों, झीलों, उपवनों और जंगलों, मैदानों और पर्वतों में मेरी विविध जातियों के रूप दिखाई देते

हैं। कोमलता के लिए कवि-गण सदा मुझे ही उपमान बनाते हैं। मैं सुख का प्रतीक हूँ। मैं फूल हूँ।

आज से दो दिन पहले मैं कली के रूप में पौधे पर इतरा रहा था। वहाँ मेरे और भी कई भाई-बहन प्रसन्नता से झूम रहे थे। इतने में पूर्व दिशा में अरुणोदय हुआ। शीतल, मन्द समीर का एक झोंका आया। उसके मादक स्पर्श ने मुझे गुदगुदा दिया। मैंने आँखें खोलीं। मेरा अंग-अंग पंखुड़ियों के रूप में खिल गया। मैंने अर्धविकसित फूल का रूप धारण कर लिया।

मध्याह्न का सूर्य गगन में चमक रहा था। उसकी प्यारी किरणों ने मुझे खूब हँसाया। अब मैं पूर्ण रूप से विकसित हो चुका था। मैंने इधर-उधर देखा। मेरे साथी भी हँस-हँसकर लोटपोट हो रहे थे। बच्चों को देखकर हम एक-दूसरे की ओर संकेत करते थे। क्योंकि बच्चों के कपोलों का रंग हमारी पंखुड़ियों से मिलता-जुलता था। जो भी स्त्री-पुरुष उद्यान में आते, वे हमारी ओर आकृष्ट हो जाते थे। वे मेरे रूप पर मुग्ध होकर एकटक मेरी ओर देखते रहते थे।

पर हाय ! आँधी आयी और मुझे उसने धरती पर ला पटका।

# मनोरंजन तथा स्वास्थ्य-रक्षा सम्बन्धी निबन्ध

## मनोरंजन के साधन

खेलना, कूदना, संगीत सुनना, मुस्कराना, हँसना, हँसाना—इससे जीवन में आनन्द भर जाता है। इनसे थकावट दूर होकर मनुष्य में ताजगी आ जाती है। फिर दूने उत्साह से मनुष्य काम में लग जाता है। ऐसा देखा गया है कि खेलने-कूदने वालों का मन खिल जाता है। उनमें बुरे विचार नहीं आते। जो लगातार काम में ही लगा हुआ नजर आता है, हो सकता है कि वह काम का दिखावा ही कर रहा हो।

हॉकी, फुटबॉल, क्रिकेट, कबड्डी, खो-खो, लम्बी दौड़, साइकल दौड़, सैर, तैराकी, पहाड़ की सैर, संगीत, नृत्य, कविता-पाठ, कवि दरबार आदि मनोरंजन के कई उपाय हैं। जीवन में दिल-बहलाव या मनोरंजन की बड़ी कीमत है। इससे आदमी बेसुरा नहीं होता। उसकी सेहत अच्छी रहती है। वह अड़ियल नहीं बनता। उसमें भाई-चारे की भावना बढ़ती है। उसमें सहन-शीलता आती है और अपने काम में उसका मन खूब लगता है।

भगवान कृष्ण ने गीता में सबसे अच्छा काम करने वाले मनुष्य की सबसे पहली निशानी यह बतायी कि वह प्रसन्न मन

वाला (खुशदिल) होता है। ऐसा मनुष्य ही कठिनाइयों में भी प्रसन्न रहकर अपना काम करता चला जाता है। ग्वेन कुमिंगस नामक लेखक का कहना है—"अपना काम करते-करते किसी तरह की कठिनाई आ पड़ने पर—अकेले होते हुए भी यदि आप शान्त और स्थिर रहते हैं, तो आप एक अच्छे कार्यकर्ता हैं।"

प्रसन्न मन वाला मनुष्य भाई-बहन की खुशी में खुश होता है। यही नहीं, वह अपने पड़ोसियों के जलसों में भी खुशी से शामिल होता है। वह त्योहारों और मेलों को खुशी से मनाता है। वह खिलाड़ी की भावना से दूसरों के दोष क्षमा कर देता है। वह समाज और देश के बड़े-बड़े कामों में चाव से और बड़े शौक से हिस्सा लेता है। वह मनहूस चेहरा और बुझा हुआ मन लेकर दूसरों के सामने नहीं आता। उसे जो कोई देखता है, उसे प्रसन्नता मिलती है। दुविधा और उलझन में वह जल्दी ही रास्ता निकाल लेता है। वह किसी काम को बोझ समझकर नहीं; बल्कि खुशी-खुशी करता है। उसकी हँसी से फूल झरते हैं। वह दूसरों को ऊँचा उठाने में सहायता करता है। वह डूबतों को किनारे लगाता है।

## पर्वतारोहण का शौक

पर्वतारोहण की आधुनिक शैली योरोपियनों की देन है। वे विशेष दल बनाकर, विशिष्ट साज-सज्जा-सामान से लैस होकर और विशेष शिखर पर विजय प्राप्त करने के उद्देश्य से प्रेरित होकर पर्वतारोहण किया करते हैं।

संसार का सर्वोच्च पर्वत शिखर एवरेस्ट सदा से मानव को

चुनौती देता आया है। एवरेस्ट पर चढ़ाई करने पहला ब्रिटिश दल १९५३ में भारत आया था। सन् १९५६ में स्विस पर्वतारोही दल आया था। सन् १९६३ में एक अमरीकी दल एवरेस्ट विजय के लिए आया था। इस दल के एडमण्ड हिलैरी तथा तेनसिंह नोर्के एवरेस्ट शिखर पर पहुँचने में सफल हुए।

उस दिन से भारत में पर्वतारोहण का शौक बहुत बढ़ गया। भारत सरकार ने दार्जलिंग में पर्वतारोहण संस्था खोली। तेनसिंह नोर्के इसके प्रिंसिपल बनाये गये।

सन् १९६४ में एक भारतीय पर्वतारोही दल ने भारत का गौरव बढ़ाया। यह पहला भारतीय दल था जिसे २९,०२८ फीट ऊँची एवरेस्ट चोटी पर पहुँचने का गौरव मिला। इस दल के कैप्टन चीमा तथा शेरपा गोंबू २० मई को शेरपा सोनम ग्यात्सो और शेरपा सोनम नामग्याल २२ मई को, श्री सी० पी० वोहरा तथा शेरपा अंगकामी २४ मई को और अन्त में कैप्टन अहलवालिया, श्री रावत तथा सरदार फूलदारजी २९ मई को एवरेस्ट शिखर पर पहुँचने में सफल हुए।

इस प्रकार भारतीय अभियान दल ने एवरेस्ट विजय में दो रिकार्ड स्थापित किये। पहला यह कि एक ही अभियान में सबसे अधिक बार विजय प्राप्त की; अर्थात् चार बार। दूसरा यह कि एक बार के अभियान में सबसे अधिक व्यक्ति एवरेस्ट शिखर पर पहुँचे अर्थात् तीन व्यक्ति। इस प्रकार इस अभियान में कुल मिलाकर नौ पर्वतारोही एवरेस्ट शिखर पर पहुँचे। जो विश्व का श्रेष्ठतम रिकार्ड है।

उस दिन से भारत में पर्वतारोहण का शौक बहुत ही बढ़ गया किन्तु कई लोग पूछते हैं कि पर्वतारोहण के शौक में क्या

रखा है? टाँगें तुड़ाने, शरीर थकाने और समय गँवाने का लाभ?

इसके लिए हमारा उत्तर है कि पर्वतारोहण का शौक अत्यन्त मनोरंजक, उत्तेजक, साहसपूर्ण तथा आनन्ददायक है। एवरेस्ट, कंचनजंघा, कामेट, नन्दादेवी, नंगापर्वत आदि शिखरों का ध्यान आते ही मन में हर्ष का संचार होने लगता है। हिम-मण्डित शिखरों को अपनी आँखों से देखने की कल्पना से ही रोमांच हो जाता है। अधित्यकाएँ, उपत्यकाएँ, झरने, नदी-नाले, ऊँचे-नीचे वृक्ष, भयंकर घाटियाँ, बियाबान जंगल, हिंस्र पशु—ये सब पर्वतारोहियों को अपनी ओर आकर्षित करते रहते हैं।

पर्वतारोहण के लिए अनेक वस्तुओं की आवश्यकता होती है, जैसे—गैसमास्क, गमलूट, रस्सी की सीढ़ियाँ, रस्सियाँ, थर्मस, भारी ऊनी वस्त्र, थैले, बर्फ काटने की कुल्हाड़ी, हथौड़ी, खूटियाँ आदि। इनकी व्यवस्था करना आवश्यक होता है।

## खेलों का महत्त्व

उछलते-कूदते हुए हँसमुख बच्चों को जिसने देखा है, उसे पता है कि खेल क्या वस्तु है। कबड्डी, मल्ल-युद्ध, गेंद-बल्ला, हॉकी, फुटबॉल, टैनिस, तैरना, दौड़ना, आँख-मिचौनी, वृक्षों पर चढ़ना, गुल्ली-डण्डा आदि अनेक प्रकार के खेल हैं। खेलों से व्यायाम और मनोरंजन दोनों साथ-साथ होते हैं। जिसका मन कहीं पर भी एकाग्र नहीं होता, उसका मन खेलों में पूरी तरह लग जाता है। खिलाड़ी अपने आपको भी भूल जाता है।

खेलने वाला व्यक्ति जितनी देर खेलता है उतनी देर के

लिए वह संसार के सारे झंझटों को भूल जाता है, वह निश्चिन्त हो जाता है; इसलिए उसके स्वास्थ्य में बड़ी उन्नति होती है। उसका मन सदा प्रसन्न रहने लगता है। उसका स्वभाव मधुर बन जाता है। उसमें फुर्ती आ जाती है। इसलिए सरकारी नौकरियों में खिलाड़ियों को विशेष प्राथमिकता दी जाती है। कई अच्छे खिलाड़ी तो केवल खिलाड़ीपन के नाते ही नौकरियाँ पा जाते हैं।

खेलना बालक-बालिकाओं को सबसे अधिक प्रिय होता है। कितनी भी भूख लगी हो, कितना ही आवश्यक कार्य हो, वे खेल को कभी न छोड़ेंगे। माता-पिता पुकारते-पुकारते थक जाते हैं, पर वे आने का नाम तक नहीं लेते।

कई विद्यार्थी खेल को पढ़ाई में बाधक समझते हैं। परन्तु यह उनकी भूल है। खेल से बिल्कुल विमुख रहने वाले पुस्तकों के कीड़े विद्यार्थी अपने स्वास्थ्य से हाथ धो बैठते हैं। सदा खेलों में ही व्यस्त रहना अच्छा नहीं, पर शरीर में स्फूर्ति उत्पन्न करने के लिए तथा मस्तिष्क को ताजा करने के लिए नियमपूर्वक थोड़ा-सा खेलना बहुत आवश्यक है।

जिस जाति के लोग खेलों की महत्ता को समझते हैं और नियमपूर्वक खेलते हैं उस जाति के लोग पुरुषार्थी होते हैं। वे दिन-भर काम करते हुए थकते नहीं। उनकी आयु लम्बी होती है। क्योंकि वे प्रतिदिन खेल-कूदकर ताजा हो जाते हैं। यूरोपीय जातियाँ प्रतिदिन खेलना अपना मुख्य कर्तव्य समझती हैं, यही कारण है कि वे इतनी उन्नत हैं। भारतवासी भी बड़े माने हुए खिलाड़ी हुआ करते थे, पर एक समय ऐसा आया, जब वे इस उपयोगी कार्य को केवल बच्चों के ऊपर छोड़कर स्वयं दिन-रात

व्यापार-धन्धे आदि में फँस गए, इसलिए उनकी अवनति हो गई। पर अब वे फिर से सचेत हुए हैं और खेलों में पूरा भाग लेने लगे हैं। हॉकी, क्रिकेट, कबड्डी, मल्लयुद्ध और तैराकी—इनमें भारत के खिलाड़ी सारे संसार में अग्रणी खिलाड़ियों में गिने जाते हैं। अन्य खेलों में भी वे अब खूब भाग लेने लगे हैं।

खेलों का सबसे बढ़कर लाभ यह है कि उनसे लोगों में बाँकापन, उदारता और सहनशीलता आदि गुण बढ़ते हैं। ये गुण नैतिक, सामाजिक और राजनीतिक उन्नति के लिए बहुत आवश्यक हैं। बाँके खिलाड़ियों, सहनशील नेताओं, वीर सैनिकों और ईमानदार कार्यकर्ताओं से देश आगे ही आगे बढ़ता जाता है।

## व्यायाम

महाकवि कालिदास ने ठीक ही कहा है कि सम्पूर्ण धर्म-कार्यों की सिद्धि का मुख्य साधन शरीर ही है। शरीर सुरक्षित है तो उससे सारे कार्य सिद्ध हो सकते हैं। यदि शरीर रोगी है तो बुद्धि और विद्या कुछ काम नहीं देते। तब अपार सम्पत्ति और असंख्य भोग व्यक्ति के लिए व्यर्थ होते हैं। रोगी शरीर में मस्तिष्क का विकास भी सम्भव नहीं। शरीर का आरोग्ययुक्त होना उसे कार्ययोग्य बनाता है।

परन्तु शरीर आरोग्यपूर्ण यों ही नहीं रहता, इसके लिए कुछ नियमों का पालन करना आवश्यक होता है। शरीर की सुरक्षा के लिए यत्न आवश्यक है। व्यायाम नियमित रूप से

करना शरीर को सुगठित, नीरोग और कान्तिमान बना देता है।

व्यायाम शरीर को पूर्ण विकसित और दृढ़ांग कर देता है। जब प्रत्येक अंग अपने स्वाभाविक रूप में सुगठित होता है तो सम्पूर्ण शरीर सुन्दर प्रतीत होता है। उदर-यन्त्र का प्रत्येक भीतरी अंग नियमित रूप में चलता है। शरीर की सात धातुओं की पुष्टि भली प्रकार से होती है। पाचक-क्रिया नियमित रहती है। भूख लगती है। शक्ति का क्षय कभी नहीं होता। वृद्धावस्था में भी शरीर दृढ़ रहता है।

व्यायाम के कई प्रकार हैं। कुछ तो भारतीय प्रणालियाँ हैं, जैसे—डण्ड-बैठक, मुग्दर घुमाना आदि। कुछ अंग्रेजी ढंग के व्यायाम हैं जैसे जिमनास्टिक आदि। इनमें पहले प्रकार के व्यायाम से शरीर सुगठित हो जाता है। कुश्ती आदि के द्वारा लोग शारीरिक बल बढ़ा लेते हैं; किन्तु मस्तिष्क का काम करने वालों के लिए जिमनास्टिक व्यायाम अधिक अच्छे हैं। ये खेल के रूप में होने के कारण रोचक होते हैं। योगासन, सैर, तैराकी आदि बहुत अच्छे व्यायाम हैं। स्वस्थ व्यक्ति को प्रतिदिन व्यायाम अवश्य करना चाहिए।

## स्वास्थ्य-रक्षा

स्वस्थ शरीर में ही स्वस्थ आत्मा का निवास होता है। यदि हम आत्मिक बल चाहते हैं तो स्वास्थ्य-रक्षा की ओर ध्यान देना हमारा परम कर्तव्य है। महाकवि कालिदास ने ठीक ही कहा है कि सब प्रकार के कर्तव्यों का पालन करने का मूल

साधन शरीर ही है।

स्वास्थ्य का हमारे चरित्र के साथ घनिष्ठ सम्बन्ध है। स्वस्थ व्यक्ति ही चरित्रवान् हो सकता है। कारण स्पष्ट है कि स्वास्थ्य का आत्म-संयम से सम्बन्ध है और आत्मसंयम चरित्र की सीढ़ी है।

कहावत प्रसिद्ध है कि यदि धन नष्ट हुआ तो कुछ भी नष्ट नहीं हुआ, यदि स्वास्थ्य नष्ट हुआ तो बहुत नष्ट हो गया। स्वस्थ व्यक्ति धन कमा सकता है; परन्तु धनवान धन से स्वास्थ्य नहीं खरीद सकता।

आजकल अनेक व्यक्ति स्वस्थ नहीं हैं। शहरी जीवन में अधिकांश रोगी हैं। इसके कई कारण भी स्पष्ट हैं।

आज देश में प्रत्येक क्षेत्र में महँगाई है। आय कम है, व्यय अधिक है। एक ओर तो सामान्य जीवन जीने के लिए आम आदमी को काम अधिक करना पड़ता है, दूसरी ओर अच्छी खुराक के लिए उसके पास पैसा ही नहीं है। जो लोग बहुत प्रयत्न करने के बाद अच्छी खुराक लेते भी हैं तो उन्हें प्रायः वस्तुओं में मिलावट मिलती है।

आज प्रायः अधिकांश व्यक्ति तनाव और चिन्ताओं में जीते हैं। मानसिक सुख-शान्ति उपदेश की बातें रह गई हैं।

कुछ आलस्य भी अधिक हो गया है। प्रातः भ्रमण और समय पर भोजन का महत्त्व जानते तो सभी हैं, किन्तु अपना नहीं पाते।

यदि हम प्रातः सूर्योदय से पूर्व उठते हैं, समय पर शौच जाते हैं, दाँत भलीभाँति साफ करते हैं, प्रतिदिन व्यायाम और स्नान करते हैं, ताजा, ऋतु अनुकूल, सन्तुलित भोजन करते हैं,

अपना अध्ययन या धन्धा आदि परिश्रमपूर्वक करते हैं, खेल-कूद व मनोरंजन में भाग लेते हैं, समय पर अर्थात् रात्रि को दस बजे शयन करते हैं, चिन्ता नहीं करते हैं और सिगरेट-शराब-जुआ आदि व्यसनों से दूर रहते हैं, तो निश्चय ही हम अपने स्वास्थ्य को अत्यन्त सुन्दर बना सकते हैं। स्वास्थ्य-रक्षा के लिए अधिक खाना, अधिक थकना, अधिक बोलना, अधिक सोचना आदि अतिवादों से दूर रहना आवश्यक है। गांधीजी का मत था कि कम भोजन और कम इच्छा अर्थात् आत्म-संयम स्वास्थ्य-रक्षा का सर्वोत्तम उपाय है।

## सवेरे की सैर

दिन-रात के आठ पहरों में प्रातःकाल का पहर ही एक ऐसा समय है जो सबसे अधिक शान्त, निर्मल, एकान्त, सुहावना और सत्वगुण उत्पन्न करने वाला है। जगत्-भर के खोटे कार्य दिन में और रात्रि के दूसरे भागों में हो लेते हैं। एक प्रातःकाल ही ऐसा है जिसमें प्राणिमात्र का हृदय भली बात सोचता है। सूर्य निकलने से पूर्व रात्रि का यह अन्तिम भाग निराली छटा रखता है। इसके उषा, ब्रह्ममुहूर्त आदि कई नाम हैं। ऐसे अमूल्य समय को जो नींद में, अथवा यों कहिये कि आलस्य में नींद के बहाने में व्यर्थ गँवा देता है, वैसा बेसुध और कौन होगा?

मनुष्य यदि उन्नति चाहता है तो उसे प्रातःकाल उठना चाहिए। इस समय उठना बालक से लेकर वृद्ध तक के लिए लाभकारी है। हाँ, अत्यन्त छोटे बालकों को शीघ्र नहीं

चाहिए। क्योंकि उनके लिए ८-१० अथवा १२ घण्टे सोना आवश्यक है। विद्यार्थी अवस्था में तो इससे उत्तम और उपयोगी समय और कोई मिल ही नहीं सकता। प्रातःकाल उठकर जो कुछ पढ़ा जाता है, वह शीघ्र याद हो जाता है, और देर तक स्मरण रहता है, क्योंकि उस समय चारों ओर शान्ति होती है। प्रातःकाल मीठी और शीतल वायु बहने लगती है, मस्तिष्क बिलकुल ताजा होता है और रात्रि का धुआँ सर्वथा विलीन हो गया होता है। जो गृहस्थ सदा प्रातःकाल उठता है, उसका जीवन आनन्दपूर्वक व्यतीत होता हैं। समय अधिक मिलने से उसके सम्पूर्ण कार्य पूरे हो जाते हैं। कृषक लोग प्रातःकाल खेतों में जाकर जितना काम करते हैं उतना दिनभर में भी नहीं कर सकते। योगियों और संन्यासियों को भी साधना के लिए इससे अधिक उपयोगी समय और कोई नहीं मिल सकता। क्योंकि इस समय चारों ओर शान्ति होती है। कहीं कोई ऊँच-नीच शब्द कानों में पड़कर ध्यान भंग नहीं करता।

प्रातःकाल उठने से क्रूर हृदय में भी कोमलता आने लगती है। इस समय मन आप से आप शान्त होकर भली भावनाओं का चिन्तन करने लगता है। राक्षसी भावों का इस समय नाश हो जाता है। संसार में दो व्यक्ति प्रातःकाल सोते हैं—एक आलसी और दूसरा पापाचारी। चोर रात को चोरी करता है, प्रातःकाल सोता है। नाच-रंग, खेल-तमाशे और अनाचार के उपासक रात-भर जागते हैं और प्रातःकाल शय्या का आश्रय ...ते हैं। आलसी व्यक्ति आलस्य के कारण प्रातःकाल सोते हैं। ... सोने वाला व्यक्ति अपना शत्रु है, अपने स्वास्थ्यतरु की ...ठार चलाता है। साथ ही, समाज तथा देश का द्रोही

है, सर्वत्र अव्यवस्था और असुविधा उत्पन्न करता है।

प्रभु का चिन्तन करने के लिए इससे उत्तम समय और नहीं हो सकता। यही एकाग्रता का समय है। अपने भूत और भावी कृत्यों पर इसी समय सच्चे हृदय से विचार हो सकता है और इसी समय भक्ति-भाव से अपने इष्ट के प्रति हृदय की भेंट चढ़ायी जा सकती है।

अतः हमको नित्य नियम से प्रातः भ्रमण के लिए जाना चाहिए। यह भी आवश्यक है कि प्रातः भ्रमण के लिए शान्त-एकान्त प्राकृतिक सुषमा; जैसे नदी किनारे, उद्यान या उपवन में जाना चाहिए। यह नहीं कि घर से निकले और कालोनी की लॉन में टहल लिए।

# विज्ञान सम्बन्धी निबन्ध

## विज्ञान के चमत्कार

विज्ञान अपने आप में एक अद्भुत चमत्कार है। यह इस शताब्दी की मनुष्य की सबसे बड़ी उपलब्धि है। आज मनुष्य-समाज का कोई ऐसा क्षेत्र नहीं, जो विज्ञान से प्रभावित न हो।

विज्ञान के चमत्कार मनुष्य-समाज के बौद्धिक विकास के प्रतीक हैं। विज्ञान के आविष्कारों ने मनुष्य की शक्ति को प्रकृति पर विजयी बना दिया है। तनिक बटन दबाते ही अन्धकार प्रकाश में बदल जाता है। गर्म वातावरण की गर्मी को वातानुकूल दूर कर देता है। सर्दी में अँगीठियाँ जलाने की आवश्यकता नहीं पड़ती। रसोई के नये उपकरणों के आविष्कार गृहिणी के लिए दास-दासियाँ बन गए हैं। यातायात के आधुनिक साधनों ने स्थान की दूरी को कम कर दिया है।

विज्ञान ने मनुष्य के अमूल्य समय की ही बचत नहीं की वरन् उसके श्रम की बचत भी की है। जितना काम बीस व्यक्ति कर पाते थे, आज उससे कम समय में उससे कहीं अधिक काम एक व्यक्ति मशीन की सहायता से कर लेता है। औद्योगिक विकास विज्ञान की प्रगति का सूचक है। नित नये परीक्षणों से,

आधुनिक कृषि उपकरणों के निर्माण से, नयी प्रकार की खाद आदि से कृषि-जगत् में क्रान्ति आ गई है।

चिकित्सा-जगत् में विज्ञान की उपलब्धियाँ सराहनीय हैं। संचार के आधुनिक साधन (रेडियो, टेलीविजन आदि) मनुष्य के ज्ञानवर्द्धन और मनोरंजन में जुटे हुए हैं। टेलीफोन, तार और बेतार के तार मनुष्य-समाज को विज्ञान का वरदान है। मुद्रण-यन्त्रों के आविष्कार से ज्ञान, विज्ञान एवं साहित्य के भण्डार को पुस्तकों का रूप मिल पाया है। दूरमुद्रक (टेली-प्रिण्टर) द्वारा समाचार-पत्रों का विकास सम्भव हुआ है।

जीवन को सुख-सुविधाओं से भरने वाले विज्ञान के चमत्कारपूर्ण आविष्कार वरदान हैं। विज्ञान के आविष्कारों से मनुष्य को अभूतपूर्व प्रगति करने में सहयोग मिला है। इनसे मनुष्य के समय और श्रम की बचत हुई है। चाँद तक पहुँचने जैसे असम्भव-से कार्य भी सम्भव हो पाये हैं। विज्ञान के चमत्कार अब मनुष्य की शक्ति का सजस्र स्रोत बन गए हैं। ये आविष्कार मनुष्य के बौद्धिक विकास की सिद्धि के प्रतीक माने गए हैं।

विज्ञान का कल्याणकारी रूप हमारे लिए वरदान है जबकि उसका विनाशकारी रूप हमारे लिए अभिशाप है। उसके भयावह रूप की झलक हमें उस समय देखने को मिली, जब अमरीका ने जापान के दो नगरों (हिरोशिमा और नागासाकी) पर परमाणु बम बरसाये।

मानव-सेवा के लिए विज्ञान वरदान है; परन्तु युद्ध-साधनों का प्रयोग किया गया, तो यह शाप हो जायेगा।

# दूरदर्शन (टेलीविजन)

दूरदर्शन का आविष्कार जान एल० बेयर्ड ने किया। उन्होंने फोटोग्राफी के सिद्धान्त पर इसका आविष्कार किया। अन्य वैज्ञानिकों ने भी इसके सुधारने में योग दिया। दूरदर्शन यन्त्र की सहायता से हम दृश्य को मूल रूप से नहीं देखते, मूल रूप की प्रतिलिपि ही हमें दिखाई देती है। (१) दूरदर्शन में किसी भी दृश्य को प्रकाश तथा छाया के विविध रूपों में विद्युत् तरंगों की सहायता से बदल दिया जाता है, जिसे पुनः प्रक्षिप्त करने पर हम दूरदर्शन यन्त्र द्वारा देख सकते हैं। किसी दृश्य को छोटे-छोटे भागों में विभक्त कर उनको प्रकाश तथा छाया में परिवर्तित किया जाता है। (२) इन तरंगों को विद्युत् वेग से प्रसारित किया जाता है ताकि वह ग्राहक केन्द्र तक पहुँच सके। (३) विभक्त हुए दृश्य के भागों को पुनः पहले जैसा ही उपस्थित किया जाता है। यह प्रक्रिया दृश्य को दूर तक पहुँचाने में सफल हो जाती है।

दूरदर्शन की उपयोगिता आज सर्वविदित है। यदि हम किसी छात्र से पूछें तो वह स्पष्ट उत्तर देगा कि इसके द्वारा बहुत से पाठ सरलतापूर्वक समझ में आ जाते हैं। सर्वत्र एक जैसे योग्य अध्यापकों से लाभ उठाने का अवसर प्रदान करता है। दूरदर्शन की सहायता से वन, पर्वत, नदी, नाले, दुर्लभ तथा अदृष्ट वस्तुओं का भी छात्रों के सम्मुख प्रदर्शन करके उनका ज्ञान बढ़ाया जा सकता है। दूरदर्शन द्वारा भाषा, इतिहास, गणित, विज्ञान आदि सभी विषयों के शिक्षण में लाभ उठाया जा सकता है।

दूरदर्शन से हमारा गणतन्त्र दिवस पर प्रसारित किया कार्यक्रम जहाँ हमारे सम्मुख विविध झाँकियाँ उपस्थित कर हमारे ज्ञान में वृद्धि करता है, वहाँ युवकों, युवतियों, बच्चों एवं बूढ़ों की कुतूहल प्रवृत्ति को भी सन्तुष्ट कर उनका मनोरंजन करता है। इस प्रकार भीड़-भाड़ की धक्का-मुक्की से बचकर एक स्थान पर बैठे-बैठे दृश्य देखे जा सकते हैं।

भारत में प्रथम दूरदर्शन केन्द्र १९५९ में नयी दिल्ली में स्थापित हुआ। यूनेस्को से इस प्रायोजना के लिए सहायता प्राप्त हुई थी ताकि सामुदायिक विकास और शिक्षा के लिए विज्ञान की इस देन का उपयोग किया जा सके।

नयी दिल्ली दूरदर्शन केन्द्र प्रतिदिन चार घण्टे कार्यक्रम प्रस्तुत करता है। हिन्दी-अंग्रेजी में समाचार, टिप्पणियाँ, कृषि-दर्शन, युवा मंच, नाटक, चित्रहार, फूल खिले हैं गुलशन-गुलशन, संगीत, नाटक, नृत्य कार्यक्रम, महिलाओं के लिए कार्यक्रम, कव्वालियाँ, बच्चों के कार्यक्रम तथा कार्टून पिक्चर, शनिवार को प्रादेशिक फिल्म, रविवार को हिन्दी फिल्म, कभी-कभी विदेशी फिल्म, मौसम तथा खेल समाचार आदि-आदि दिल्ली दूरदर्शन द्वारा प्रसारित कार्यक्रम हम देखते और अपने ज्ञान को विकसित करते हैं।

## सिनेमा (चलचित्र) से हानि-लाभ

चलचित्र का आविष्कार टामस एल्वा एडिसन द्वारा १८९० में अमेरिका में हुआ। जनसाधारण के सन्मुख सिनेमा पहली बार लन्दन में 'लुमैर' के द्वारा उपस्थित किया गया। भारत में

सिनेमा के संस्थापक 'दादा साब फाल्के' समझे जाते हैं। उन्होंने पहला चलचित्र १९१३ में बनाया, जिसकी भारतीय जनता ने भूरि-भूरि प्रशंसा की। आज इस व्यवसाय पर करोड़ों रुपया खर्च किया जा रहा है और भारत का स्थान इस क्षेत्र में अमेरिका के पश्चात् दूसरा है।

पहले-पहल चलचित्र जगत् में केवल अवाक् चित्रों का ही निर्माण होता था, पर धीरे-धीरे इनमें ध्वनिकरण होता गया। चित्र-निर्माण में कैमरे का एक महत्त्वपूर्ण स्थान है। यह कैमरा एक विशेष प्रकार का बना होता है। इसके द्वारा ली गई तस्वीरों को क्रम से सिनेमा-यन्त्र पर घुमाने से चित्रों की छाया पर्दे पर पड़ती है और इस प्रकार से शृङ्खलित कहानी हमारे सम्मुख क्रमपूर्वक चलती रहती है।

संसार परिवर्तनशील है। सिनेमा-संसार में परिवर्तन होते ही रहते हैं। आजकल रंगीन चित्रों की सरगर्मी है और इस प्रकार से अब नहीं तो कुछ समय में वस्तु का वास्तविक रूप भी हमको देखने को मिलेगा ही। अभिनय, गीत, नृत्य और कहानी चलचित्रों के प्रधान अंग हैं।

सिनेमा के प्रचार से हमें बहुत लाभ हुए हैं। मनोविनोद के साथ ही साथ शिक्षा-प्रचार में भी बहुत सहायता मिलती है। इसके द्वारा देश-विदेश के लोगों का रहन-सहन एवं कार्यों का परिचय बहुत ही सस्ते रूप में हमको मिल जाता है। राजनीतिक, धार्मिक एवं सामाजिक चित्रों से देश में मनोवांछित सुधार भी किया जा सकता है। व्यापार की उन्नति के लिए भी सिनेमा का योग बहुत ही आवश्यक एवं लाभप्रद है।

उपर्युक्त लाभों के साथ ही सिनेमा से कुछ हानियाँ भी हैं।

नित्यप्रति सिनेमा देखने से आर्थिक हानि के साथ नेत्रों की ज्योति पर भी अनिष्टकारी प्रभाव पड़ता है। गन्दे और कुवासनापूर्ण चित्रों को देखने से आचरण भ्रष्ट हो जाता है। फैशन का भूत भी सिनेमा के कारण ही भारतवासियों को लगा है।

## समाचार-पत्र

व्यक्ति समाज की इकाई है। समाज से पृथक् व्यक्ति की कोई सत्ता नहीं। समाज के बिना कोई व्यक्ति रह नहीं सकता। इसलिए आज के युग में मनुष्य ज्यों ही सोकर उठता है, ताजा अखबार पढ़ने की तीव्र आकांक्षा से प्रेरित होता है। जब तक वह समाचार-पत्र को पढ़ न ले, तब तक उसका कौतूहल शान्त नहीं होता।

समाचार-पत्रों का आरम्भ जर्मनी में सन् १६०६ में हुआ था। उसके बाद धीरे-धीरे इसने विश्व के सभी देशों और पढ़े-लिखे सभी व्यक्तियों को अपने वश में कर लिया है।

भारत में अंग्रेजों के आगमन के पश्चात् मुद्रण कला का विकास हुआ और उसीके साथ-साथ समाचार-पत्रों का प्रकाशन भी आरम्भ हुआ। सर्वप्रथम कलकत्ता में छापाखाना खुला और वहीं समाचार-पत्र भी छपने शुरू हुए।

सर्वप्रथम अंग्रेजी भाषा में 'बंगाल गजट' नामक समाचार-पत्र प्रकाशित हुआ। इस पत्र के सम्पादक एक अंग्रेज महाशय थे। उसके बाद 'समाचार दर्पण' नामक हिन्दी समाचार-पत्र प्रकाशित होने लगा। इसके उपरान्त विविध भारतीय भाषाओं में समाचार-पत्र निकलने आरम्भ हुए।

दैनिक समाचार-पत्र जनता को ताजे समाचार देते हैं। आजकल व्यक्ति का जीवन-क्षेत्र विस्तृत हो गया है। वह दिल्ली में बैठा हुआ हालीवुड, हांगकांग आदि तक का व्यापार सँभाल सकता है। आज का मानव एक स्थान पर बैठा हुआ विश्व, स्वदेश, स्वप्रदेश, स्वनगर यहाँ तक कि अपने देश के अन्यान्य प्रदेशों के भी समाचार जानने को लालायित रहता है।

समाचार-पत्र तो दैनिक अखबार होते हैं। परन्तु साप्ताहिक, पाक्षिक, मासिक, त्रैमासिक, अर्धवार्षिक एवं वार्षिक पत्र भी इसी के भाई-बन्द हैं। इन सबको लोग भले ही चाव से पढ़ते हों; परन्तु जो तड़प दैनिक पत्र के लिए होती है, वह साप्ताहिक आदि पत्रों के लिए नहीं।

समाचार-पत्रों में सामयिक, आर्थिक, राजनीतिक, विचारात्मक, आध्यात्मिक, दार्शनिक, वैज्ञानिक, ऐतिहासिक, आलोचनात्मक, व्यापारिक तथा चित्रपट (फिल्म) सम्बन्धी सभी प्रकार के समाचार-पत्र छपते रहते हैं; परन्तु मुख्य रूप से इनका कर्म है—देश-विदेश में घटित होने वाली अच्छी-बुरी घटनाओं की खबरें तथा राजनीतिक गतिविधियों को प्रकाश में लाना।

## बिजली के चमत्कार

बिजली के आविष्कार ने उन्नीसवीं शताब्दी में क्रान्ति ही ला दी। वास्तव में योरुप के उद्योगपतियों को बिजली के रूप में विचित्र शक्ति-स्रोत मिल गया। इसके द्वारा यन्त्र चलाने सरल हो गए। पदार्थों को गति देने में बिजली ही अति

सहायक है। व्यापार के चक्र को घुमाने के लिए बिजली उसकी धुरी का काम देती है। वह अपनी शक्ति से अतुल प्रकाश देकर रात्रि को दिन बना सकती है। सर्दी के दिनों में हीटर द्वारा उष्णता देती है।

बिजली के बिना आज सभ्य जनता का जीवन ही सूना है। बिजली के प्रकाश के बिना घर अन्धकारपूर्ण लगता है। स्विच दबाते ही कमरा प्रकाश से भर जाता है। न दियासलाई की जरूरत है और न तेल की। बुझाने के लिए फूँक मारने की आवश्यकता नहीं। दिवाली के दिन बिजली के द्वारा रंग-बिरंगे दृश्यों की रचना की जाती है। विवाह के अवसर पर या स्वागत-समारोहों में बिजली के स्तम्भों से चारों ओर जगमगाहट हो जाती है। बिजली से जंगल में भी मंगल हो जाता है।

ऐसी आश्चर्यजनक शक्ति का आविष्कार किस प्रकार हुआ? यह कौतूहलपूर्ण है। इसकी सर्वप्रथम खोज डा० गिलबर्ट ने की थी। बाद में फ्रैंकलिन आदि वैज्ञानिकों ने इस शक्ति को प्राप्त किया और यह उन्नीसवीं शताब्दी में पूर्ण रूप से प्रकाश में आयी।

बिजली विशेषकर दो प्रकार की होती है–(१) रासायनिक, (२) जलविद्युत्। इनमें दूसरी बिजली सस्ती पड़ती है और पहली महँगी। कल-कारखानों में बनने वाली बिजली रासायनिक होती है। यह अधिक खर्च होती है और एक स्थान से दूसरे स्थान तक जाती हुई बहुत कम हो जाती है। इसकी प्रक्रिया यह है कि आग्नेय पदार्थों (गन्धक, तेजाब, कोयला आदि) के मिश्रण से शक्ति उत्पन्न की जाती है। उसे शक्ति-उत्पादक

यन्त्र के द्वारा प्रसारित करने के लिए तारों में संचारित करते हैं।

आज कौन-सा कार्य ऐसा है जो बिजली से नहीं हो सकता? घड़ी बिजली से चलती है, गर्मी के दिनों में रात-दिन पंखे चलते है। रेफ्रीजिरेटर के द्वारा हम हिम-शीतल जल का पान कर सकते हैं। अग्नि-ज्वाला के समान गर्मी में बिजली की सहायता से गिरि-शिखर की शीतलता का अनुभव कर सकते हैं।

दिसम्बर-जनवरी की कड़कड़ाती सर्दी में अपने शयनकक्ष को इसकी सहायता से इच्छानुसार उष्ण कर सकते हैं। यह हमारे कपड़ों पर इस्तरी करती है, हमारा खाना पकाती है और पानी गर्म करती है। मोटरों और रेलों में इसी का रासायनिक रूप गति देता है।

जिन नगरों में अभी बिजली का प्रकाश न पहुँचा हो, उन की तुलना विद्युत्-प्रकाश से जगमगाते नगरों से कीजिये और तब पता लगेगा कि बिजली का क्या महत्त्व है! उसके बिना तो जन-संकुल नगर भी वन के समान सुनसान बने रहते हैं। इसके विपरीत बिजली का आशीर्वाद पाने वाले नगरों में अमावस्या की रात को भी नित्य दिवाली बनी रहती है।

हमारे कारखाने बिजली से चलते हैं, पुस्तकें बिजली की सहायता से छपती हैं। तार बिजली की सहायता से भेजे जाते हैं। टेलीफोन, सिनेमा, रेडियो, दूरदर्शन, टेलीविजन, प्रकाश-स्तम्भ, प्रशीतक (कूलर), वातानुकूल-यन्त्र, शक्तिशाली दूरबीनें आदि बिजली की कृपा से ही अपने कार्य करते हैं।

देश के विकास के लिए भरपूर बिजली-उत्पादन अत्यन्त आवश्यक है।

# जीवनचरित सम्बन्धी निबन्ध

## महात्मा बुद्ध

बौद्ध धर्म के प्रवर्तक सिद्धार्थ का जन्म ई० पू० ५६३ में म्बिनी नामक गाँव में हुआ था। उनके पिता शुद्धोदन कपिल-के राजा थे। वे शाक्यवंश के क्षत्रिय थे। शिशु का नाम सिद्धार्थ रखा गया। कुछ ही दिनों पश्चात् सिद्धार्थ की माता का देहान्त हो गया। विमाता महामाया ने ही उनका पालन-पोषण किया। सिद्धार्थ की प्रवृत्ति बचपन से ही वैराग्य की ओर थी। शुद्धोदन चिन्तित रहते थे। उन्होंने सोलह वर्ष की आयु में सिद्धार्थ का विवाह यशोधरा से कर दिया। विवाह के उपरान्त यशोधरा से पुत्ररत्न पैदा हुआ जिसका नाम राहुल रखा गया।

एक वृद्ध, एक रोगी तथा एक शव को देखकर सिद्धार्थ को पूरी तरह वैराग्य हो गया।

३० वर्ष की आयु में घर-बार छोड़कर वे संन्यासी बन गए। उन्होंने शास्त्रों तथा दर्शनों का अध्ययन किया, किन्तु उन्हें शान्ति न मिली; तब गया जाकर उन्होंने कठोर तपस्या की। अनशन तथा अन्य क्रिया द्वारा शरीर को कष्ट दिया। छः वर्ष

में उनका शरीर दुर्बल हो गया, किन्तु सत्य की ज्योति न दिखाई दी। अन्त में उन्होंने मध्यम मार्ग अपनाया। अब वे गया में एक पीपल के वृक्ष के नीचे समाधि लगाकर बैठ गए। जहाँ उन्हें सत्य का प्रकाश दिखाई दिया। अब वे बुद्ध कहलाए।

उन्होंने प्रथम उपदेश वाराणसी के समीप सारनाथ में दिया। जहाँ पाँच साधु उनके शिष्य बन गए। धीरे-धीरे उनके बहुत से अनुयायी होने लगे। संघ की स्थापना हुई। पैंतालीस वर्ष तक महात्मा बुद्ध ने अपने धर्म का प्रचार किया। अस्सी वर्ष की आयु में गोरखपुर जिले में कुशीनगर में उन्होंने निर्वाण प्राप्त किया।

महात्मा बुद्ध अहिंसा पर बहुत बल देते थे। यज्ञों में पशुबलि का उन्होंने विरोध किया। महात्मा बुद्ध का कहना था कि मनुष्य अपने सदाचार द्वारा उन्नत होता जाए तो कुछ जन्मों के पश्चात् उसे मोक्ष प्राप्त हो सकेगा। उनकी शिक्षा के निम्न पाँच आदेश कितने सरल और सुन्दर हैं—

(क) तू किसी प्राणी की हत्या न कर।

(ख) तू पराई वस्तु को मत ग्रहण कर।

(ग) तू झूठ मत बोल।

(घ) तू सुरापान मत कर।

(ङ) तू अपवित्र जीवन मत व्यतीत कर।

बौद्ध धर्म शीघ्र ही देश-विदेश में फैल गया। राजा-रंक सभी ने इसका स्वागत किया। संसार की जनसंख्या का एक तिहाई भाग आज भी बौद्ध धर्म का अनुयायी है।

# महाराणा प्रताप

राणा प्रताप के पिता का नाम महाराणा उदयसिंह था और पितामह का नाम महाराणा संग्रामसिंह था, जो इतिहास में राणा सांगा के नाम से प्रसिद्ध हैं। मेवाण का राजवंश सदैव स्वतन्त्रता-प्रिय और आत्माभिमानपूर्ण आर्य-नरेशों में प्रमुख रहा है; परन्तु जैसी विकट परिस्थिति का मुकाबला महाराणा प्रतापसिंह को करना पड़ा, वैसी भयंकर परिस्थिति किसी राणा के समय में उपस्थित नहीं हुई थी। राणा उदयसिंह तक तो चित्तौड़गढ़ मेवाड़ की राजधानी थी, राणा प्रताप की जन्म-भूमि भी चित्तौड़गढ़ ही थी, परन्तु राणा उदयसिंह चित्तौड़ की रक्षा न कर सके और वह मुगल सम्राट् के अधिकार में चला गया। राणा प्रताप ने राज्यपद पाने के पश्चात् उदयपुर नामक एक नवीन नगर अपने पिता के नाम से बसाया और मेवाड़ की राजधानी बनाया।

वीर-भूमि राजपूताना के जिन राजाओं ने अकबर की अधीनता स्वीकार कर ली थी, उनमें जयपुर के महाराजा जयसिंह प्रमुख थे। स्वतन्त्रता-प्राप्ति के उपासक प्रतापसिंह से उनका विरोध होना स्वाभाविक था। उन्हीं की प्रेरणा से और उनका अपमान होने का बहाना लेकर ही अकबर ने लगभग एक लाख सेना के साथ राणा प्रतापसिंह पर आक्रमण कर दिया। राजा के लिए यह एक कठिन परीक्षा का समय था। उनके पास कुछ हजार सेना थी। अकबर की सेना में हाथी थे, तोपें थीं, सब कुछ था, पर प्रतापसिंह का भरोसा केवल बर्छी, तलवारों और पत्थरों पर था। हल्दीघाटी के मैदान में दोनों

सेनाओं का भीषण संग्राम हुआ। ऐसा लोमहर्षण संग्राम, जिसमें केवल कुछ घण्टों में ही चौदह हजार वीर कट गये, संसार में विरला ही हुआ होगा। राजपूत सेना की यह अद्भुत वीरता इतिहास में सदा अमर रहेगी।

इस खूनी युद्ध के बाद राणा प्रतापसिंह उदयपुर छोड़ने को विवश हो गये। इसके पश्चात् लगातार २५ वर्ष तक राणा प्रताप जंगलों में भटकते रहे। सिवाय उन भयंकर जंगलों के शेष सारे मेवाड़ पर अकबर का अधिकार हो गया। प्रतापसिंह को जंगलों में भोजन तक नहीं मिलता था। उनकी स्त्री, उनके बच्चे भी महाकष्ट में थे, पर उन्होंने धैर्य नहीं छोड़ा।

इन पच्चीस वर्षों के वनवास में भी सैकड़ों छोटी-छोटी लड़ाइयाँ हुईं। प्रतापसिंह के साथियों ने मेवाड़ में रहने वाली मुगल सेना को जब भी असावधान पाया, तभी एकदम आक्रमण करके काट डाला। अन्त में राणा के भाग्य ने पलटा खाया। उनके पुराने मन्त्री भामाशाह ने उन्हें बहुत-सा धन दिया और कहा कि युद्ध तब तक जारी रखा जाए, जब तक कि मेवाड़ की स्वतन्त्रता पुनः न प्राप्त हो जाए। देवर नामक स्थान पर जो युद्ध हुआ उसमें राणा प्रताप की जीत हुई। क्रमशः छिने हुए सब नगर, किले, ग्राम आदि पुनः प्रतापसिंह के अधिकार में आने लगे। राजधानी उदयपुर को भी प्रताप ने पुनः जीत लिया पर वे चित्तौड़ को न ले सके। मृत्यु से पूर्व प्रताप ने सभी सरदारों ने प्रण करवा लिया था कि वे प्राण देकर भी स्वाधीनता की सदा रक्षा करेंगे।

# शिवाजी

शिवाजी के पिता का नाम शाहजी और माता का नाम जीजाबाई था। शाहजी बीजापुर के बादशाह के एक प्रमुख उच्च राजकर्मचारी थे और चाहते थे कि उनका पुत्र शिवाजी भी बीजापुर के बादशाह का कृपापात्र बने, परन्तु शिवाजी पर उनकी माता जीजाबाई तथा उनके शिक्षक दादाजी कोणदेव का प्रभाव अधिक पड़ा। तीसरा प्रभाव जो शिवाजी पर विशेष पड़ा, वह उनके धार्मिक गुरु सन्त समर्थ रामदास का था। परिणाम यह हुआ कि शाहजी तो बीजापुर के बादशाह के आश्रित रहे और शिवाजी स्वतन्त्र हो गए। शिवाजी को बड़े अच्छे-अच्छे सहायक मिलते गए; जनता ने साथ दिया, सिपाही भर्ती होने लगे, घोड़े-हाथी भी मिल गए, अस्त्र-शस्त्र प्रचुर परिमाण में इकट्ठे हो गए। अब शिवाजी की सेना ने बीजापुर के आश्रित किलों पर धावे मारने शुरू किये। कुछ ही वर्षों में शिवाजी की सेना ने बीजापुर की बादशाहत के अनेक किलों तथा अन्यान्य स्थानों पर अधिकार कर लिया। दक्षिण में शिवाजी का एक स्वतन्त्र मराठा राज्य स्थापित हो गया।

शिवाजी की इन विजयों से क्रुद्ध होकर बीजापुर के बादशाह ने अफजलखाँ नाम के एक सेनापति के साथ बड़ी भारी सेना शिवाजी से युद्ध करने के लिए भेजी। दोनों ओर से राजनीतिक दाँव-पेच खेले जाने लगे। यह निश्चय हुआ कि प्रताप दुर्ग के पास एक तम्बू में शिवाजी और अफजलखाँ की भेंट हो जाय। इस भेंट में शिवाजी ने बघनखा अस्त्र से अफजलखाँ को मार डाला। मौका ताककर मराठों ने भी उसी समय असावधान शत्रु सेना

पर भयंकर आक्रमण कर दिया। शिवाजी की जीत हुई। इस विजय में हजारों घोड़े, हाथी और धन-दौलत शिवाजी को मिली।

दिल्ली में औरंगजेब का राज्य था। फिर औरंगजेब से शिवाजी की टक्कर हुई। शाइस्ताखाँ, औरंगजेब का एक प्रमुख सेनापति था और महाराजा जसवन्तसिंह के साथ दक्षिण में शिवाजी से लड़ने को भेजा गया था। उसने आकर शिवाजी का प्रमुख नगर पूना छीन लिया। कुछ ही दिनों बाद शिवाजी ने अपने विश्वासपात्र साथियों के साथ रात के समय चुपके से पूना के उसी महल पर आक्रमण कर दिया, जहाँ शाइस्ताखाँ सपरिवार सो रहा था। शिवाजी की बड़ी भारी विजय हुई। शाइस्ताखाँ भाग निकला। उसकी उँगलियाँ कट गयीं।

राजनीतिक चक्र कुछ ऐसा घूमा कि शिवाजी ने एक सन्धि के आधार पर आगरा आकर औरंगजेब से मिलना स्वीकार कर लिया। इस भेंट में शिवाजी का उचित सम्मान न किया गया। बाद में औरंगजेब ने उन्हें एक मकान में कैद कर लिया। परन्तु शिवाजी सब पहरेदारों की आँखों में धूल झोंककर और बादशाह औरंगजेब को भी धोखा देकर मिठाई के टोकरे में बैठकर भाग निकले।

कई महीनों के बाद शिवाजी अपने राज्य में पहुँचे। अब शिवाजी की सेना बलिष्ठ हो गई। दक्षिण में कोई उनका मुकाबला पूरी तरह न कर सका। बीजापुर तथा दिल्ली के बादशाहों के कई अन्य स्थानों को शिवाजी ने लूट लिया। इनमें से सूरत की लूट बहुत प्रसिद्ध है। सूरत में शिवाजी को अपार धन-सम्पत्ति मिली। अब रायगढ़ दुर्ग को अपनी राजधानी बनाकर शिवाजी स्वतन्त्र राज्य करने लगे।

## महात्मा गांधी

इनका जन्म २ अक्तूबर, १९६९ को पोरबन्दर नामक स्थान में हुआ। इनका पूरा नाम मोहनदास और इनके पिता का नाम कर्मचन्द था। मोहन के पिता राजकोट रियासत के दिवान थे। वहीं से मोहन ने मैट्रिक की परीक्षा पास की। १३ वर्ष की अवस्था में इनका विवाह कस्तूरबा से हो गया। मैट्रिक के पश्चात् ये उच्च शिक्षा के लिए इंग्लैण्ड गये। वहाँ से बैरिस्टरी पास करके वापिस आये। जब तक वहाँ रहे, माता के सामने की गई शराब, मांस आदि का प्रयोग न करने की प्रतिज्ञा को इन्होंने निभाया। उसके बाद आजीवन उस व्रत पर दृढ़ रहे। फिर उसी रियासत में आकर वकालत करने लगे। बम्बई से किसी मुकद्दमे की पैरवी के लिए ये दक्षिणी अफ्रीका गये। वहाँ भारतीयों की बुरी दशा को सहन न कर सके। तब वहाँ गोरों की सरकार के विरुद्ध इन्होंने मोर्चा लेना आरम्भ कर दिया और सत्याग्रह के नये अस्त्र का आविष्कार किया।

इसके पश्चात् वे भारत लौट आये। यहाँ आकर भारत को स्वतन्त्र कराने के लिए अंग्रेजी सरकार से टक्कर लेने लगे। सन् १९१९ में इन्होंने असहयोग आन्दोलन चलाया और जेल गये। उनके प्रयत्नों के परिणामस्वरूप ही अंग्रेजी सरकार को १९१८ के सुधारों की घोषणा करनी पड़ी; परन्तु गांधीजी इन सुधारों से सन्तुष्ट न हुए। इनके आदेश से कांग्रेस ने १९२९ में पूर्ण स्वतन्त्रता का नारा लगाया। फिर महात्मा गांधी ने नमक कानून को तोड़ा और वे जेल में डाल दिये गये।

कुछ समय बाद जनता को सन्तुष्ट करने के लिए अंग्रेजी

सरकार को इनसे सन्धि करनी पड़ी। सन् १९३१ में वायसराय ने लन्दन में गोलमेज कांफ्रेंस में सम्मिलित होने के लिए इनको राजी कर लिया। वहाँ बातचीत सिरे न चढ़ी। इसके पश्चात् फिर गांधीजी ने अपने प्रयत्न आरम्भ कर दिये, निदान अंग्रेजों को १९३४ में सुधारों की घोषणा करनी पड़ी। १९४२ में 'भारत छोड़ो' आन्दोलन का नारा लगाया तथा गांधीजी सहित सभी बड़े नेता जेल भेज दिये गये। अन्त में उनके संघर्ष सफल हुए। अंग्रेजी सरकार को उनके आगे हथियार डालने पड़े। १५ अगस्त, १९४७ में अहिंसा के द्वारा स्वतन्त्रता देवी के दर्शन हुए।

स्वतन्त्रता के साथ चारों ओर खून की होली खेली जाने लगी। बापू इस आग को शान्त करने के लिए देश के एक भाग से दूसरे भाग को दौड़ने लगे। नाथूराम गोडसे नामक नौजवान ने ३० जनवरी, १९४८ को अपनी एक गोली से विश्वबन्धु बापू की हत्या कर दी।

## महर्षि दयानन्द

महर्षि दयानन्द का जन्म सन् १८२४ में गुजरात काठिया-वाड़ प्रान्त के टंकारा ग्राम में हुआ। इनका असली नाम मूलशंकर था। ये बचपन से ही कुशाग्रबुद्धि थे। एक शिवरात्रि को मूलशंकर भक्तिभाव से जागते रहे, पर शिव पर एक चूहे को आते-जाते देखकर इनके मन में मूर्ति-पूजन के विरुद्ध भाव उत्पन्न हो गए।

एक दिन ये चुपचाप अकेले घर से निकल पड़े। कई वर्षों

तक इधर-उधर विद्या पढ़ते रहे। इन्होंने योगाभ्यास भी किया। मथुरा में स्वामी विरजानन्द से संस्कृत का और वेदों का गम्भीर अध्ययन किया। फिर ये संन्यासी हो गए और दयानन्द सरस्वती के नाम से संसार में प्रसिद्ध हुए।

विद्या पूरी करके स्वामी दयानन्द हरिद्वार में गंगा-पार निधड़क होकर विचरने लगे। तत्पश्चात् इन्होंने हिमालय की पैदल यात्रा की। घोर शीत, हिंसक पशु, अन्य भी अनेक कष्टों की परवाह न करके जनता को प्रभावित करने का रहस्य इन्होंने जान लिया। वहाँ से लौटकर जब ये मैदान में आये तो इन्होंने प्रचार का दुबारा प्रारम्भ किया। तब देश के एक कोने से दूसरे कोने तक एक तहलका-सा मच गया। इन्होंने सैकड़ों व्याख्यान दिये, शास्त्रार्थ किये।

महर्षि दयानन्द ने सबसे पहले बम्बई में आर्यसमाज की स्थापना की। तत्पश्चात् लाहौर आदि अन्य स्थानों पर भी आर्यसमाज की स्थापना हुई। इनके व्याख्यानों में खण्डन की अधिकता होती थी, अतः कई बार कुछ लोगों ने इन पर पत्थर फेंके, परन्तु स्वामीजी कभी विचलित न हुए। कई लोगों ने इनको धमकियाँ दीं, कइयों ने तलवार निकाली। कई बार इनको विष दिया गया, परन्तु बदले में कभी किसी के साथ इन्होंने बुराई नहीं की। ब्रह्मचर्य, तप और योगाभ्यास का ही प्रभाव था कि ये सब आपत्तियों से बचते गए।

स्वामीजी ने कई उत्तमोत्तम पुस्तकें लिखीं जिनमें से सत्यार्थ प्रकाश, ऋग्वेदादिभाष्यभूमिका, आर्यभिविनय, व्यवहारभानु, वेदांगप्रकाश आदि मुख्य हैं। 'ऋग्वेदादिभाष्यभूमिका' भी इन्होंने लिखी। इन सब पुस्तकों में से सत्यार्थप्रकाश का कई भाषाओं

में अनुवाद हो चुका है। स्वामी दयानन्द जी हिन्दी के प्रबल समर्थक थे। रसोइए द्वारा भोजन में विष दिये जाने से इनका देहान्त हो गया।

## लाला लाजपतराय

लाजपतराय के पिता लाला राधाकृष्णजी स्कूल में अध्यापक थे। वे जरगवाँ जिला लुधियाना के रहने वाले थे। सन् १८६५ ई० में लाजपतराय का जन्म फिरोजपुर के ढोडी ग्राम में हुआ।

मैट्रिक पास करने के पश्चात् लालाजी लाहौर जाकर गवर्नमेण्ट कॉलिज में प्रविष्ट हुए। वहाँ महात्मा हंसराज तथा पण्डित गुरुदत्त से उनकी मित्रता हो गई। लालाजी आर्यसमाज के सदस्य बनकर बड़े उत्साह से काम करने लगे। कॉलिज में दो वर्ष पढ़ने के पश्चात् लालाजी ने पहले तो मुख्तारी पास करके जरगवाँ और रोहतक में काम किया। फिर वे लाहौर जाकर वकालत पास करके हिसार में वकालत करने लगे। वे अपनी प्रतिभा तथा योग्यता से शीघ्र ही प्रसिद्ध हो गए। लोक-सेवा के कामों में आप सदा अग्रसर रहते थे। समाज-सुधार और दीन-हीनों की सेवा उनके जीवन का मुख्य उद्देश्य था। उनकी आय का बहुत-सा भाग परोपकार के काम में खर्च होता था।

इसके अनन्तर उन्होंने लाहौर में चीफ कोर्ट में वकालत आरम्भ कर दी। उनकी कीर्ति बढ़ती गई। डी० ए० वी० कॉलिज लाहौर की स्थापना में उनका विशेष योगदान था।

ये पहली बार इलाहाबाद के कांग्रेस अधिवेशन में सम्मिलित हुए। उनमें राजनीतिक चेतना तो पहले ही विद्यमान थी। यह

उनके राजनीतिक जीवन का सूत्रपात था।

भारत की माँगें अंग्रेजों के सामने रखने के लिए कांग्रेस ने एक शिष्टमण्डल इंग्लैण्ड भेजा था। इसमें लाला लाजपतराय और गोपालकृष्ण गोखले थे। लालाजी ने इंग्लैण्ड में अनेक भाषण दिये और कई लेख लिखे। वहाँ उन्होंने यह अनुभव किया कि स्वतन्त्रता माँगने से नहीं मिलती। इसके लिए संघर्ष करना पड़ेगा।

भारत लौटने पर उन्होंने बंग-भंग के विरुद्ध चल रहे आन्दोलन का पूरा-पूरा समर्थन किया। पंजाब में भी क्रान्ति की ज्वाला भड़क उठी। सरकार ने दमन-चक्र चलाया और लालाजी को पकड़कर मांडले जेल भेज दिया। परन्तु कुछ समय पश्चात् सरकार ने उन्हें मुक्त कर दिया।

इस समय कांग्रेस में नरम दल और गरम दल बन गये थे। लालाजी गरम दल वालों की नीति को पसन्द करते थे।

फिर लाला लाजपतराय इंग्लैण्ड होते हुए अमेरिका चले गए। वहाँ वे लगभग ६ वर्ष रहे। वहाँ उन्होंने कई पुस्तकें लिखीं और यंग इण्डिया नामक पत्रिका निकाली। पंजाब में मार्शल लॉ और जलियांवाला बाग हत्याकाण्ड के समय लालाजी स्वदेश लौटने के लिए व्याकुल हो गए। परन्तु अंग्रेजी सरकार ने उन्हें अनुमति न दी।

अन्त में जब वे भारत आये तो उनका महान स्वागत हुआ। सन् १९२९ में साइमन कमीशन जब भारत आया, तो भारत ने उसका विरोध किया। लाहौर में लालाजी ही इस विरोधी जुलूस के नेता थे। पुलिस के लाठी-प्रहार से वे घायल हो गए और इन्हीं चोटों से कुछ दिनों बाद उनका स्वर्गवास हो गया।

# पं० जवाहरलाल नेहरू

पं० जवाहरलाल नेहरू का जन्म १४ नवम्बर, सन् १८८९ ई० को इलाहाबाद में हुआ। इनके पिता पं० मोतीलाल नेहरू बहुत बड़े और प्रसिद्ध वकील थे। लक्ष्मी देवी की उनपर असीम कृपा थी। अतः जवाहरलाल नेहरू का पालन-पोषण एक राजकुमार की भाँति होना स्वाभाविक ही था। इनकी माता स्वरूप रानी इनको बहुत प्यार करती थीं। इनकी आरम्भिक शिक्षा घर पर ही मौलवी, पण्डित और अंग्रेज पादरी की देख-रेख में हुई।

उच्च शिक्षा के लिए पं० मोतीलाल नेहरू इन्हें लेकर इंग्लैण्ड गये। वहाँ पर जवाहर ने हैरो स्कूल कैम्ब्रिज में और लन्दन यूनिवर्सिटी में शिक्षा प्राप्त की। सन् १९१२ ई० में ये बैरिस्टर बनकर स्वदेश लौटे और ये राजनीति की ओर खिचते चले गये। गोखले, तिलक, लाजपतराय और एनी बेसेण्ट के लेखों और भाषणों को ये बहुत रुचि से पढ़ते थे।

सन् १९१६ में इनका विवाह कमला देवी से हुआ। कमला देवी भी एक देशभक्त नारी थीं। पत्नी की देशभक्ति की भावना भी नेहरूजी को अपना मार्ग-निर्माण करने में सहायक हुई। सन् १९२० में जब गांधीजी ने असहयोग आन्दोलन शुरू किया तो नेहरूजी भी उसमें सम्मिलित हो गए।

जेल से छूटने के बाद ये गाँव-गाँव घूमने लगे और कांग्रेस का सन्देश पहुँचाने लगे। १९२१ में ये फिर जेल में डाल दिये गए।

सन् १९२९ में जवाहरलाल कांग्रेस अधिवेशन के, जो कि लाहौर में हुआ था, प्रधान बनाये गए। उस समय उन्होंने रावी

के तट पर पूर्ण स्वाधीनता पाने की प्रतिज्ञा ली। उस दिन से ये भारतीय जनता के हृदय-सम्राट् बन गए। इसके वाद वे कई वार जेल गए। इन्होंने कुल मिलाकर कोई १४ वर्ष का समय जेलों में काटा।

इसी समय इनको पत्नी कमला बीमार हो गयी। पण्डित जी उनका इलाज कराने के लिए उन्हें लेकर स्विट्जरलैण्ड गए, परन्तु कमला न बच सकी। लौटते समय ये अपनी एकमात्र सन्तान इन्दिरा को लन्दन के एक स्कूल में प्रविष्ट करा आये।

सन् १९३६ और १९३७ में भी ये कांग्रेस के अध्यक्ष चुने गए। सन् १९४२ में जब गांधीजी ने 'भारत छोड़ो' आन्दोलन आरम्भ किया तो जवाहरलाल को भी अन्य नेताओं के साथ गिरफ्तार करके जेल में डाल दिया गया।

सन् १९४६ में ब्रिटिश सरकार ने भारत को स्वतन्त्र करने का निश्चय किया। उस समय जो अन्तरिम सरकार बनी उसमें पण्डित जवाहरलाल नेहरू प्रधानमन्त्री बने। १५ अगस्त, सन् १९४७ को भारत स्वतन्त्र हो गया। स्वतन्त्र भारत की जन-तन्त्रीय सरकार के पण्डितजी प्रथम प्रधानमन्त्री बने। इसी पद पर ये लगभग १७ वर्ष रहे।

नेहरूजी ने विश्व को तटस्थता, पंचशील और निःशस्त्री-करण के मूल-मन्त्र दिये।

२७ मई, १९६४ को अचानक ही इस महान पुरुष का निधन हो गया।

# सुभाषचन्द्र बोस

सुभाषचन्द्र बोस का जन्म २३ जनवरी, सन् १८९७ को कटक में हुआ था। इनके पिता का नाम श्री जानकीनाथ था, जिन्हें सरकार की ओर से रायबहादुर की उपाधि मिली हुई थी। सुभाष की बुद्धि बचपन से ही तीव्र थी। सन् १९१३ में उन्होंने मैट्रिक परीक्षा उत्तीर्ण की, सारी यूनिवर्सिटी में आपका दूसरा नम्बर था। फिर उन्होंने फर्स्ट डिवीजन में बी० ए० पास किया। इसके बाद इंग्लैण्ड जाकर आई० सी० एस० की परीक्षा दी। उसमें ये उत्तीर्ण हुए और सन् १९२० में भारत वापिस आ गए।

उस समय गांधीजी का असहयोग आन्दोलन सारे देश में फैल चुका था। लोग बड़ी-बड़ी उपाधियों को छोड़ रहे थे। स्कूलों, कॉलेजों, अदालतों आदि का बहिष्कार हो रहा था। ऐसे समय में सुभाषचन्द्र बोस चुपचाप सरकारी नौकरी न कर सके। आप देश-सेवा करने के उद्देश्य से सीधे महात्मा गांधी के पास जा पहुँचे। उस समय बंगाल के राजनीतिक क्षेत्र में श्री देशबन्धु चितरंजनदास का स्थान सर्वोच्च था और वे वहाँ के सर्वमान्य नेता थे। महात्मा गांधी ने युवक सुभाषचन्द्र को उन्हीं के पास भेज दिया।

उसी समय सुभाष का सार्वजनिक जीवन प्रारम्भ हुआ। देशबन्धु चितरंजनदास महात्मा गांधी के अनन्य भक्त और उनके दाहिने हाथ थे। सुभाषचन्द्र को उन्होंने अपना शिष्य बनाया। उन्हीं के साथ कार्य करते हुए सुभाष बंगाल के राजनीतिक क्षेत्र में उत्तरोत्तर उन्नति करते गए और क्रमशः अधिक

लोकप्रिय कार्यकर्ता तथा नेता माने जाने लगे। आपको अनेक बार जेल जाना पड़ा। सुभाषचन्द्र ने विवाह नहीं करवाया था।

देश-सेवा के साथ-साथ अन्य भी अनेक क्षेत्रों में सुभाषचन्द्र बोस ने कार्य किया। सन् १९२९ के जनवरी मास में महात्मा गांधी के सभापतित्व में राष्ट्रभाषा के पक्ष में हिन्दी में व्याख्यान दिया। वे दो बार कांग्रेस के प्रधान भी चुने गए। आप विद्यार्थियों का यथाशक्ति मार्ग-दर्शन करते रहते थे। भारत से अचानक कहीं चले जाने के बाद दूसरे महायुद्ध में सुभाष बर्मा पहुँच गये और वहाँ भारतीय सैनिकों का संगठन 'इण्डियन नेशनल आर्मी' के नाम से आपने किया और भारत को स्वतन्त्र कराने की कोशिश की। एक हवाई दुर्घटना में सुभाष मारे गए।

# विचारात्मक तथा भावात्मक निबन्ध

## सच्चा आनन्द

मनुष्य के मन में आनन्द की इच्छा स्वाभाविक है। मनुष्य हर एक काम आनन्द प्राप्त करने के लिए करता है। वह दुःख से जल्दी से जल्दी छुटकारा पाना चाहता है। दुःख या कष्ट मनुष्य के स्वभाव से मेल नहीं खाते। दुःख तो एक बादल की तरह आता है और चाँद के प्रकाश को ढक लेता है। इसलिए आनन्द पाना, सुख पाना मनुष्य का एक साधारण उद्देश्य (मकसद) है।

पर सवाल हो सकता है कि एक शराबी को शराब में, जुआरी को जुए में, चोर को चोरी में आनन्द आता है। बहुत से लोग 'खाओ पियो मौज करो' का उसूल मानते हैं और इसी में आनन्द समझते हैं। तो क्या यह ठीक है?

जरा ध्यान से विचार करने पर इस सवाल का जवाब आप ही मिल जाएगा। उत्तर यह है—जिस काम में पल-भर के लिए तो आनन्द मिले और बाद में उसका परिणाम दुःख, कष्ट या शोक हो, तो उसे असली आनन्द या सुख कैसे कह सकते हैं, और ऐसा काम मनुष्य के जीवन का लक्ष्य या मकसद कैसे हो

सकता है ?

फिर यह सवाल उठता है कि बुरे कामों में, पल-भर के लिए ही सही, आनन्द क्यों मिलता है ?

इसका उत्तर यह है कि मनुष्य के अन्दर जो आनन्द है, उसके कारण ही काम करने वाले को उसमें आनन्द मिलता है। पर बुरे काम में मिलने वाला आनन्द सच्चा आनन्द नहीं होता, इसीलिए वह बहुत थोड़ी देर टिकता है।

सदा आनन्द पाना ही मनुष्य-जीवन का लक्ष्य या मकसद है। हम किसी भी आदमी से पूछें कि वह सुख और आनन्द चाहता है या नहीं, तो 'हाँ' में ही इसका जवाब मिलेगा।

हर एक व्यक्ति अपने जीवन में उत्साह, उमंग, स्फूर्ति, सुख तथा आनन्द पाना चाहता है। यह तो सबके जीवन का एक साधारण उद्देश्य यानी आम मकसद हुआ। इसके सिवाय हर एक मनुष्य का अपना अलग भी एक उद्देश्य होता है। वह यह कि उसने जीवन में क्या बनना है या जिन्दगी में कौन-सा पेशा या धन्धा अपनाना है। एक आदमी अध्यापक बनना चाहता है, दूसरा व्यापारी, तीसरा वकील, चौथा मिल-मालिक, पाँचवाँ नेता, छठा डाक्टर इत्यादि।

मनुष्य का पेशा, धन्धा या व्यवसाय ऐसा होना चाहिए जो उसे आनन्द की ओर ले जाए। जो भी धन्धा या पेशा मनुष्य अपना ले, उसे ही अच्छा मानकर ईमानदारी से उसे करे तो उसमें उसे आनन्द मिलेगा। मनुष्य के जीवन का एक-एक पल कीमती है। इसलिए अपने लक्ष्य का निश्चय करके उसकी तरफ उत्साह और लगन से लग जाना चाहिए। और उसी में अपने आनन्द को खोजना चाहिए।

# उत्साह

जो मनुष्य काम करने के लिए हरदम तैयार रहता है, वही सच्चा उत्साही है। कुछ व्यक्ति असफलता के भय से काम आरम्भ ही नहीं करते। कुछ लोग ऐसे हैं, जो काम शुरू कर देते हैं; परन्तु विघ्न आने पर उनमें वह उत्साह नहीं रहता, जो काम के शुरू में था। ये उनसे तो अच्छे हैं जो काम को बीच में ही छोड़ गए। परन्तु ये भी सच्चे उत्साही नहीं। सच्चा उत्साही वह है जो काम करने के लिए हर समय तैयार रहता है, कठिनाई और कष्ट को खुशी-खुशी झेलता है, काम को बीच में नहीं छोड़ता और उसी प्रसन्नता से काम में जुटा रहता है, जिस उत्साह से उसने काम को आरम्भ किया था।

उत्साह कई तरह का होता है, जैसे—काम के लिए उत्साह युद्ध के लिए उत्साह, दान के लिए उत्साह।

केवल काम करना उत्साह नहीं, केवल कष्ट सहना उत्साह, नहीं, केवल प्रसन्न रहना उत्साह नहीं—बल्कि काम करते-करते बीच में आगे आने वाले कष्ट को सहते हुए प्रसन्न रहना और फिर भी काम करते जाना उत्साह है।

काम करते-करते कई बार शरीर को कष्ट होता है, उस कष्ट में जिसे आनन्द मिलता है, वह उत्साही है। काम करते-करते कभी-कभी मन को कष्ट पहुँचता है। उसे जो सह ले और फिर भी प्रसन्नता से काम करता जाए, वही उत्साही है।

उत्साह चरित्र के उत्तम गुणों में गिना जाता है। कर्तव्य के लिए आनन्द से भरी तैयारी का नाम उत्साह है। बुरे या नीचे काम के लिए तैयार रहना उत्साह नहीं कहा जा सकता।

अपने प्रतिदिन के काम को आनन्द और उमंग में भरकर करते जाना उत्साह है। धन कमाने के लिए, अपनी रक्षा के लिए, समाज-सुधार के लिए, देश-रक्षा के लिए काम करना उत्साह है। शुभ कामों के लिए आनन्द से भरी उमंग उत्साह है। चोरी-डकैती के लिए साहस उत्साह नहीं कहा जा सकता; क्योंकि उसमें आनन्द नहीं होता। उसमें हर समय हृदय भय के मारे काँपता रहता है।

## सत्संगति

अच्छों की संगति से बुद्धि की जड़ता दूर होती है, वाणी तथा आचरण में सत्य की वृद्धि होती है, सम्मान बढ़ता है, पापों का नाश होता है, चित्त को प्रसन्नता प्राप्त होती है, सामान्य पुरुष की भी कीर्ति दिग्दिगन्त तक फैल जाती है। सत्संगति से मनुष्य को कौन-सा लाभ नहीं होता ?

संगति का चरित्र पर बड़ा प्रभाव पड़ता है। जो व्यक्ति जैसे व्यक्तियों के साथ रहता है वह वैसा ही हो जाता है। बुरे लोगों के साथ उठने-बैठने से अच्छे लोग भी बुरे हो जाते हैं; और अच्छे लोगों में उठने-बैठने से बुरे लोग भी अच्छे हो जाते हैं। यदि किसी व्यक्ति की वास्तविक दशा का पता लगाना हो तो पहले यह पता करना चाहिए कि उसके साथी और मित्र कौन-कौन हैं।

मनुष्य एक सामाजिक प्राणी है। अकेलेपन में वह उदास तथा खिन्न हो जाता है, अतः या तो उसे किसी की संगति में जाना पड़ता है या किसी को अपने पास बुलाना पड़ता है।

प्रारम्भ में मनुष्य अपने रक्त-सम्बन्धियों के सम्पर्क में आता है; जैसे—माता, पिता, भाई, बहन, चाचा, मामा, बुआ, दादा, दादी इत्यादि। इसके अतिरिक्त उसे विद्यार्थीकाल में अपने सहपाठियों के सम्पर्क में आना पड़ता है। घर के प्रभाव तथा संस्कार उसपर पड़ने अनिवार्य हैं। इसी प्रकार स्कूल के वातावरण में भी उस पर गहरा असर पड़ता है।

घर तथा स्कूल के अतिरिक्त गली-मुहल्ले में हमजोलियों के साथ गपशप करने में तथा खेल-कूद में और घूमने-फिरने आदि में भी समय बिताना पड़ता है। वास्तविक निकट संग यही होता है। बस, इसी संग के ऊपर उसके व्यक्तित्व के बनने अथवा बिगड़ने का अधिक दारोमदार होता है। इसमें यदि उसे अच्छी संगति मिले तो उसका जीवन सुधर जाता है। और यदि बुरी संगति मिल जाए, तो जीवन बिगड़ने में देर नहीं लगती।

इसीलिए सज्जनों की संगति ही करनी चाहिए, दुर्जनों की नहीं।

## एकता या संगठन

बहुत से लोगों में परस्पर मेल होना एकता है। एकता में बड़ी शक्ति है। जड़ जगत् में, पक्षियों में, मनुष्यों में सर्वत्र ही यह दिखाई देता है कि जिनमें एकता होती है, वे थोड़े साधनों से भी बड़े-बड़े काम कर सकते हैं और जिनमें एकता नहीं होती, वे पृथक्-पृथक् बलवान् होते हुए भी सदा हारते है और दुःख भोगते रहते हैं।

तिनका कितना होता है, परन्तु यही तिनके जब बहुत-से

इकट्ठे हो जाते हैं और रस्सी बन जाते हैं तो इनसे हाथी तक बाँधे जा सकते हैं। पशु भी इकट्ठे होकर आपत्ति में एक-दूसरे की सहायता करते हुए अनेक कष्टों से बच जाते हैं। हाथियों का तो झुण्डों में रहना प्रसिद्ध ही है। कौवों तक में बड़ी एकता होती है। मनुष्यों में भी यही नियम कार्य करता है। जो जातियाँ सुसंगठित हैं, जिनमें परस्पर एकता है, उस जाति के लोग एक-दूसरे की सहायता करते हैं। जिन जातियों में परस्पर फूट, कलह, ईर्ष्या, द्वेष आदि होते हैं, उनकी सदा अवनति होती है और वे नष्ट हो जाती हैं।

अन्य लोगों के साथ मित्रता बनाने के लिए तथा एकता स्थिर रखने के लिए आवश्यक है कि मनुष्य में स्वार्थ की अधिकता न हो। मधुर भाषण एकता के लिए मूल मन्त्र है।

कुटिल और चालाक लोग एकता को देर तक नहीं निभा सकते। एकता के लिए सहनशीलता, सच्चाई और धैर्य की भी बड़ी आवश्यकता है। अपने साथी की बात को आदि से अन्त तक सुनना, क्षमा-भाव अपनाना, व्यक्ति की अपेक्षा समाज और राष्ट्र को अधिक महत्त्व देना, बदला निकालने की बुरी इच्छा छोड़ देना—इन गुणों से एकता स्थिर रह सकती है।

संगठन के लिए परस्पर प्रेम, विश्वास तथा सहानुभूति की भावनाएँ आवश्यक होती हैं। महान संगठन ध्येय की एकता के बल पर ही बनाया जा सकता है। गांधीजी ने कांग्रेस जैसे संगठन को देशव्यापी संगठन बनाने में इसलिए सफलता प्राप्त की थी कि वे सबके सम्मुख त्याग, एक लक्ष्य (स्वतन्त्रता) तथा हृदय की पवित्रता का आदर्श रख सके। राष्ट्रीय स्वयं सेवक संघ संगठन के बल पर ही देश की महान संस्था बन सका,

जिसके लाखों सदस्य देश पर आये संकट का मुकाबला करने के लिए तन-मन से जुट जाया करते हैं।

## मित्रता

दूसरों को प्रसन्न करने की कुशलता में ही मित्रता का रहस्य छिपा हुआ है। औरों को मित्र बनाना एक कला है। मित्रता से वह कार्य हो सकता है, जो धन से भी नहीं हो सकता। दूसरों को प्रसन्न करने की शक्ति एक बड़ी पूँजी है। इस पूँजी के बिना संसार में किसी भी व्यक्ति को बड़ी सफलता नहीं मिल सकती।

प्रसन्न करने वाले तथा मुग्ध करने वाले व्यक्ति की ओर बहुत-से लोग आकर्षित होते हैं। परन्तु मित्रता सोच-समझकर ही करनी चाहिए। जिस मनुष्य से मित्रता करके हमें अपने उद्देश्य से दूर हटने या चरित्र से गिर जाने का खतरा हो, उसे दूर से ही नमस्कार करना चाहिए।

जो मनुष्य प्रसन्नचित, उदार, हितकारी तथा दयालु है—उससे मित्रता करनी चाहिए। संस्कृत के एक कवि ने कहा है—"देना, लेना, मन की बात करना, पूछना, खाना और खिलाना" ये छः मित्रता के लक्षण हैं। परन्तु गोस्वामी तुलसीदास का मत है, "जो मनुष्य मित्र के दुःख से दुःखी नहीं होता, उसे देखने मात्र से भारी पाप लगता है।" इसका अभिप्राय यह है कि मित्रता का सबसे बड़ा लक्षण है "मित्र से सहानुभूति"। मित्र के दुःख में दुःखी तथा सुख में सुखी होना ही आदर्श मित्रता है।

किसी को मित्र बनाने का इससे अच्छा कोई उपाय नहीं

कि हम उसकी बात रुचि से, ध्यान से सुनें। यदि हम सुनी-अनसुनी कर दें, तो उसे हम मित्र नहीं बना सकते। यदि हम लोगों से दूर रहेंगे, तो लोग भी हमसे दूर रहेंगे। यदि हम किसी की बात नहीं सुनेंगे, तो हमारी बात कौन सुनेगा? मित्र-हीन मनुष्य इस संसार में—'अकेला चना भाड़ नहीं फोड़ सकता।'

यदि कोई मनुष्य ईमानदार है, सच्चा है, तो ऊपर से चाहे वह कितना ही रूखा या खुरदरा हो—उसे अवश्य मित्र बनाना चाहिए, क्योंकि वह 'खरा आदमी है'। परन्तु खरा सोना भी आभूषण तभी बनता है जब सान पर चढ़े। इसी प्रकार यदि हम भी रूखे और खुरदरे हैं, तो हमें सोचना चाहिए कि जब तक हम सहृदय नहीं होंगे, तब तक लोग हमको अपना मित्र नहीं बनाना चाहेंगे। अतः मन में सहृदयता और सहानुभूति की भावना अवश्य होनी चाहिए—तभी हम मित्र बनाने में सफल हो सकते हैं।

## देश-भक्ति

देश-भक्ति चरित्र का बहुत ऊँचा गुण है, इस गुण से जीवन ऊँचा उठता है।

मनुष्य जिस देश की मिट्टी से बना है, उसके प्रति ईमानदार बनना चरित्र का आवश्यक गुण है। कोई कितनी ही उन्नति कर ले, यदि उसमें देश-भक्ति की भावना नहीं है, तो उसका जीवन ही व्यर्थ है।

फ्रांस का एक व्यक्ति बहुत गरीब था। उसका पिता जीवित

न था। उसकी माता सब्जी मण्डी से सब्जी लाकर बाजार में बेचा करती थी। अपने गुणों के कारण वह व्यक्ति उन्नति करते-करते एक दिन फ्रांस का राष्ट्रपति बन गया। राष्ट्रपति बनने के बाद उसने सबसे पहला काम यह किया कि वह तुरन्त अपने गाँव में पहुँचा। उस समय उसकी माता सब्जी मण्डी गई हुई थी। राष्ट्रपति वहाँ जा पहुँचा। वहाँ जाकर उसने माता को नमस्कार किया। उसने अपनी माता से कहा—"माता ! आज मैं जो कुछ भी हूँ, वह तेरे ही कारण बन पाया हूँ।"

उत्तर में माता ने पुत्र को आशीर्वाद दिया, लेकिन साथ ही यह भी कहा—

"बेटा ! अपने देश फ्रांस की भूमि को प्रणाम कर, क्योंकि वह मेरी माता की भी माता है।"

भगवान राम जब लंका में विजय पा चुके, तो लक्ष्मण लंका की सुन्दरता पर मुग्ध होकर कहने लगे—"भैया ! क्यों न हम यहीं पर रह जाएँ ? वहाँ का राज भरत को ही सँभालने दीजिए। देखिए, कितनी सुन्दर है सोने की लंका !"

इसके उत्तर में राम ने कहा—"लक्ष्मण ! ठीक है कि यह लंका बड़ी सुन्दर है, स्वर्णमयी है, परन्तु माता जन्मभूमि स्वर्ग से भी बढ़कर है।"

इसकी मिट्टी से हमारा शरीर बना है। यह हमारी माता की माता है। इसके अन्न-जल से हमारा पालन-पोषण हुआ है। इसकी भाषा सीखकर हमारा गुजारा चलता है। हमारे जीवन की सारी उन्नति इसपर न्योछावर है।

# चरित्र का महत्त्व

चरित्र से ही मनुष्य का जीवन गौरवपूर्ण बनता है; धन, पदवी, ऊँची शिक्षा आदि से नहीं। समाज में गौरव (महत्त्व) और सम्मान जितना सदाचारी का होता है, उतना धनाढ्य तथा ऊँचे पद वाले का भी नहीं होता। धनवान के यश से सबको ईर्ष्या होती है; इसी प्रकार धन, विद्या या योग्यता वाले में अभिमान होता है; परन्तु शुद्ध चरित्र वाले से न तो कोई ईर्ष्या करता है और न कभी उसका मन अशान्त होता है।

चरित्र के कई अंग हैं जैसे—सत्य पर अटूट विश्वास, शान्त-चित्तता, छल-कपट का अभाव आदि। जो व्यक्ति अपने सिद्धान्तों पर दृढ़ होता है, उसी का चरित्र शुद्ध होता है। सरल हृदय व्यक्ति में विश्वास, प्रेम, दया, कोमलता तथा सहानुभूति के भाव आप से आप आ जाते हैं। इनमें से एक भी गुण पूरी तरह आ जाए, तो व्यक्ति भलामानस, सभ्य, कुलीन और शिष्ट कहलाने लगता है। चतुराई और विद्या यदि न भी हो, तो भी चित्त की सरलता और विवेक (कर्तव्य-अकर्तव्य की पहचान) से मनुष्य में शक्ति तथा योग्यता आ जाती है।

आत्मगौरव भी चरित्र का मुख्य अंग है। इस भावना वाला मनुष्य नीच कार्यों से सकुचाता है। आत्मगौरव की रक्षा के लिए हर समय सावधान रहना पड़ता है और एक-एक काम सोचकर करना होता है। वचन का पालन, सिद्धान्त पर दृढ़ता, रिश्वत के सामने न झुकना, आत्मगौरव के अभिन्न अंग हैं।

धन नहीं तो कुछ चिन्ता नहीं; परन्तु चरित्रहीन व्यक्ति वास्तव में निर्धन है। अच्छे चरित्र वाला डरता नहीं, निराश

नहीं होता। भाग्यवश जिसका धन नष्ट हो गया हो; परन्तु धीरज, मन की प्रसन्नता, धर्म की दृढ़ता, आत्मगौरव तथा सत्य का अटूट विश्वास हो तो व्यक्ति गरीब नहीं है।

पवित्र चरित्र के प्रधान अंग हैं—छल-कपट न होना, लेन-देन में सफाई, वचन-पालन, आश्रितों पर दया-भाव, परिश्रमशीलता, उद्योग तथा परिश्रम पर विश्वास, अभिमान का अभाव। जिसके चरित्र में उक्त सभी गुण हों, वह देवता या जीवन्मुक्त योगी है।

## जीवन में अनुशासन का महत्त्व

किसी भी बड़े कारखाने को देख लीजिए, नियमपूर्वक काम कर पाने से ही वह उन्नत हो सका है। यदि नियम में थोड़ी-सी भी गड़बड़ी हो जाये तो सारा व्यवसाय ही चौपट हो जाये। यही नहीं, कोई भी कितना जटिल व्यवसाय हो, व्यवस्था से ही सुचारु रूप से चल सकता है। कई अव्यवस्थित व्यक्ति यह सोचते हैं कि मुख्य लक्ष्य की ओर देखना ही आवश्यक है। सम्बन्धित बातों की विशेष व्यवस्था करने की आवश्यकता नहीं; परन्तु वास्तविकता यह है कि लक्ष्य से सम्बन्धित छोटी-छोटी बातों की व्यवस्था परमावश्यक है। जो व्यक्ति छोटी-छोटी बातों को ध्यान में नहीं रखता, उससे यह आशा कैसे की जा सकती है कि वह बड़ी एवं जटिल बातों को सँभाल लेगा? यदि छोटी-छोटी बातों की ओर ध्यान न दिया जाय तो सारा व्यवसाय ही चौपट हो जाए।

यदि व्यवस्था न की जाए, नियम और अनुशासन न रखा

जाए तो व्यक्तियों का बहुत-सा समय और शक्ति नष्ट हो जाए। उचित व्यवस्था करके ही शक्ति और समय की बचत की जा सकती है। नियम पर चलते रहने से समय और शक्ति दोनों की बचत होती है। नियमित व्यक्ति अपनी वस्तुओं को इधर-उधर नहीं फेंकते, बल्कि यह नियत स्थान पर रखते हैं, जिससे उन्हें ढूंढ़ने में समय या शक्ति नष्ट नहीं करनी पड़ती। इस प्रकार उनकी शक्ति और समय अन्य लाभप्रद कार्यों में लगते हैं।

नियम और अनुशासन में रहने से ऐसी बुद्धि प्रस्फुटित होती है, जिसकी सहायता से बड़े-से-बड़े काम बहुत आसानी से हो सकते हैं। व्यवस्था के कारण नियमित व्यक्ति थोड़े समय में ही इतना अधिक काम कर लेता है कि लोगों को आश्चर्य होने लगता है। व्यवस्थित होने के कारण उसे सफलता ही सफलता मिलती जाती है।

## कर्तव्यपालन

हमारे सामने जो काम मौजूद है, वही हमारा कर्तव्य है। छोटे-से-छोटे काम को भी अच्छी तरह से करने की आवश्यकता होती है। यदि मन लगाकर, उत्साह से और चतुराई से काम न किया जाए तो काम बिगड़ जाया करता है।

कर्तव्यपालन घर से शुरू होता है। बालक के माता-पिता के प्रति कुछ कर्तव्य हैं। माता-पिता के बच्चों के प्रति कर्तव्य हैं। इसी तरह पति-पत्नी के आपस में कर्तव्य हैं। भाई-भाई के और भाई-बहन के परस्पर कर्तव्य हैं। घर में जो कर्तव्यपालन भली-

भाँति करता है उसी में बाहर के कर्तव्यपालन की शक्ति आती है।

घर के बाहर मित्रों के प्रति हमारे कुछ कर्तव्य होते हैं। पड़ोसियों के प्रति कुछ कर्तव्य होते हैं। इन कर्तव्यों का पालन करने से मनुष्य की उन्नति होती है। जो मुहल्ले के प्रति अपने कर्तव्यों का पालन करता है, उसे मुहल्ला चाहने लगता है। मुहल्ला उसी को अपना नेता मान लेता है।

इसी तरह नागरिकता के कुछ कर्तव्य होते हैं। सरकार को टैक्स समय पर देने वाला सच्चा नागरिक या नेक शहरी कहलाता है।

हम सबके मन में एक शक्ति होती है। वह हमें अच्छे कामों में लगाती है और बुरे कामों से रोकती है। हम कर्तव्यपालन करते हैं तो हमें बड़ी खुशी होती है। यदि हम कर्तव्यपालन से चूक जाते हैं तो हमें बड़ी निराशा होती है। हमारा मन पहली बार ही हमें ठीक कर्तव्य बतला देता है। यदि फिर हम मन की बात को दबाकर बुरे काम में लगें तो हमारा अपना ही दोष है।

संसार में उन्हीं लोगों को सबसे अधिक सम्मान मिलता है, जो अपने कर्तव्य का ठीक तरह से पालन करते हैं। जिस जाति के लोग कर्तव्यपालन करने की आदत बना लेते हैं, वह जाति अवश्य उन्नति करती है। जिस जाति के लोग कर्तव्यपालन से जी चुराते हैं वह जाति नीचे गिर जाती है।

कर्तव्यपालन करने वाले मनुष्य के वचन और बर्ताव में सचाई होती है। वह एक मजबूत चट्टान पर खड़ा होता है, उसे गिरने का भय नहीं होता। कर्तव्यपालन करने वाला अपने हर एक काम को ठीक ढंग से और उचित समय पर करता है।

जो कर्तव्यपालन नहीं करता उसे सौ बहाने बनाने पड़ते हैं। उसे झूठ का आसरा लेना पड़ता है। झूठ की माँ कायरता है।

समय पर अपना कर्तव्यपालन करते रहने से काम आप-से-आप सफल होने लगते हैं। सफलता की आदत पड़ जाती है। कर्तव्यपालन करने की आदत वाला लगातार और हर एक काम में सफल होता जाता है। वह उन्नति ही करता जाता है।

## आत्मविश्वास (अपना भरोसा)

आत्मविश्वास का ज्ञान होते ही मनुष्य में दुगुना बल आ जाता है। हनुमान् जब अपने साथियों के साथ सीता की खोज में निकले तो पहाड़, जंगल, मैदान छान मारे; परन्तु सीता का पता न लगा। आगे समुद्र आ गया। सब थककर चूर हो चुके थे। वहीं धम्म से बैठ गये। वे सोचने लगे कि अब क्या करें ?

उस समय जाम्बवान् ने ललकारा। उसने हनुमान् के आत्मविश्वास को जगाया। आत्मविश्वास का बोध होते ही हनुमान् की शक्ति के सामने समुद्र की शक्ति तुच्छ हो गई। अपनी बाँहों के बल पर हनुमान् समुद्र को तैरकर लंका में जा पहुँचे।

आत्मविश्वासी चाहे लकड़हारा हो या लुहार, किसान हो या गड़रिया, वैज्ञानिक हो या नाविक—वह भरोसे का आदमी होता है। वह इज्जत के लायक आदमी होता है। वह आत्मविश्वासी दृढ़ मनुष्य होता है। वह फौलाद का बना हुआ होता है। ऐसा मनुष्य अपनी पत्नी तथा बच्चों के लिए आवश्यकता पड़ने पर अपना सारा धन लुटा सकता है। अपने पड़ोसियों के

लिए वह जी खोलकर खर्च कर सकता है। अपने देश और देशवासियों के लिए वह सारे जीवन की कमाई कुर्बान कर सकता है। भामाशाह ने ऐसा ही किया था।

आत्मविश्वासी विद्यार्थी को अपनी सफलता पर अटूट विश्वास होता है। वह कमजोर विद्यार्थी की उदारता से सहायता करता है। आत्मविश्वासी मजदूर नौसिखिये को काम का ढंग सिखाकर अपना मित्र बना लेता है। आत्मविश्वासी कारीगर बहुत से नये कुशल कारीगर तैयार कर देता है।

आत्मविश्वास के बल पर एक व्यापारी थोड़ी पूंजो से व्यापार चलाकर बड़े से बड़ा उद्योग खड़ा करने में सफल हो जाता है। वह आत्मविश्वास के ही बल पर अनगिनत लोगों के लिए जीविका के साधन पैदा कर देता है। जीविका यानी रोजगार देने से बढ़कर सहायता दूसरी नहीं हो सकती।

आत्मविश्वास से अपनी सहायता आप करने की हिम्मत पैदा होती है। आत्मविश्वास के बल पर मनुष्य कठोर-से-कठोर धरती पर भी हल चला लेता है। आत्मविश्वासी कहता है—'मुझे कठिन काम दीजिए। मैं उसे करूँगा।'

# पत्र-लेखन

## (१) प्रधानाचार्य के नाम पत्र

(रोगी होने पर अवकाश)

सेवा में
प्रधानाचार्य महोदय,
राजकीय विद्यालय,
दिल्ली।

माननीय महोदय,
सादर नमस्कार !

निवेदन है कि कल से मुझे मलेरिया बुखार आ गया है। इसलिए मैं स्कूल में उपस्थित होने में असमर्थ हूँ।

कृपया मुझे २५ से २९ सितम्बर, ८६ तक पाँच दिन का अवकाश देकर अनुगृहीत करें।

आपका आज्ञाकारी शिष्य
वी० कृष्णन्
कक्षा आठ (ब)

दिनांक : २५-९-८६

### (२) बड़े भाई की शादी पर अवकाश के लिए प्रार्थना-पत्र

प्रधानाचार्य महोदय,
सीनियर सेकेण्डरी स्कूल,
बाबरपुर, दिल्ली।

मान्यवर महोदय,

सादर नमस्कार !

निवेदन है कि मेरे बड़े भाई का शुभ विवाह कल २८-९-८६ को होगा। कृपया मुझे २७,२८ व २९ नवम्बर, ८६ इन तीन दिनों का अवकाश देकर अनुगृहीत करें।

धन्यवाद,

आपका आज्ञाकारी शिष्य
निर्मल रेड्डी
कक्षा नौ (अ)

दिनांक : २७-९-८६

### (३) माताजी को पत्र
(बालदिवस के कार्यक्रम के विषय में)

छात्रावास,
डी० ए० वी० हाईस्कूल,
करनाल।

पूजनीया माताजी,

सादर प्रणाम !

आपका १२-११-८६ का कृपा पत्र मिला। मानो आप स्वयं मिल गईं। आपके शुभ आशीर्वाद से मैं पूर्णतया स्वस्थ हूँ तथा परिश्रमपूर्वक अध्ययन कर रहा हूँ।

इस बार १४ नवम्बर को हमारे स्कूल के लॉन में स्कूल के छात्रों ने बाजार लगाया था, जिसमें खाने-पीने की चीजों के अतिरिक्त पुस्तकों, खिलौनों आदि की दुकानें सजाई गई थीं।

स्कूल के हॉल कमरे में स्वर्गीय जवाहरलाल नेहरू के जीवन की झांकी फोटो चित्रों में प्रदर्शित की गई थी। सवेरे ही सब छात्र सफेद वस्त्रों में स्कूल क्रीड़ा-क्षेत्र में जमा हुए। प्रधानाचार्य जी ने झण्डा फहराया। दोपहर को हमारे स्कूल की सप्तम-अष्टम कक्षाओं ने एक बाल-नाटक का प्रदर्शन किया।

इस प्रकार इस बार हमारे स्कूल में बाल-दिवस अधिक आनन्ददायक रहा।

पिताजी को मेरी ओर से चरणस्पर्श तथा सोनू-मोनू को शुभाशीर्वाद।

आपका पुत्र
रोहित खन्ना
कक्षा आठ (ब)

दिनांक : १५-११-८६

## सखी को शोक पत्र

(माता की मृत्यु पर संवेदना)

२/१२७, सफदरजंग एन्कलेव
नयी दिल्ली-११००२९

प्रिय सखी मन्दाकिनी,

आज प्रातः अर्चना से यह सुनकर कि तुम्हारी माताजी का देहान्त हो गया है, मैं स्तब्ध रह गई। पहले तो मुझे इस घटना पर विश्वास ही न हुआ। जब पिछले दिनों मद्रास से लौटती

हुई मैं तुम्हारे पास आयी थी, तब तो वे पूर्णतया स्वस्थ थीं काल इतनी जल्दी उनको हमसे छीनकर ले जाएगा, इसकी हमने स्वप्न में भी कल्पना नहीं की थी।

उनकी सौम्य मूर्ति मेरी आँखों के सामने रह-रहकर आ जाती है।

प्रिय मंदा! सभी प्राणियों का यही अन्त है, यह सोचकर हमें धीरज धरना होगा। मेरी ओर से परिवार के सब सदस्यों को हार्दिक सहानुभूति है। इस संवेदना-पत्र द्वारा मैं आपको धीरज धरने के लिए आग्रह करती हूँ। भगवान से प्रार्थना है कि वे आप सबको इस महान आघात के सहन करने की शक्ति प्रदान करें तथा दिवंगत आत्मा को शान्ति प्रदान करें।

तुम्हारी अभिन्न,

दिनांक : २८-६-१९८६ कान्ता श्रेष्ठा

## पुस्तक विक्रेता को पत्र
(पुस्तकें मँगवाने के लिए)

श्रीयुत व्यवस्थापक,
जीवन बुक डिपो,
पश्चिमी पटेल नगर,
नयी दिल्ली-११०००८

प्रिय महोदय,

कृपया निम्नलिखित पुस्तकें वी० पी० पी० द्वारा नीचे लिखे पते परभेजकर अनुगृहीत करें। कृपया भेजने से पूर्व पुस्तकों के पृष्ठ अवश्य देख ले कि फटे हुए न हों।

ये पुस्तकें हमारे स्कूल के स्टोर में चाहिए, अतः पहले की तरह २५ प्रतिशत कमीशन काटना न भूलिएगा।

१. निबन्ध माधुरी २० प्रतियाँ
२. डिपल एस्से (अंग्रेजी) २० प्रतियाँ
३. राष्ट्रभारती (भाग ३) २० प्रतियाँ

भवदीय,
सुखदेव कुमरिया
डी० ए० वी० स्कूल,
चण्डीगढ़

दिनांक : ३ अगस्त, १९८६

## प्रधानाचार्य को पत्र

(प्रमाण-पत्र के लिए आवेदन)

रामसेवक मिश्र
५४, सुभाषपार्क एक्स०
शाहदरा, दिल्ली-३२

श्रीमान प्रधानाचार्य,
राजकीय बाल माध्यमिक विद्यालय,
त्रिनगर, दिल्ली

मान्य महानुभाव,
सादर नमस्कार !

मैं इस वर्ष आपके स्कूल की आठवीं कक्षा में उत्तीर्ण हुआ हूँ। मेरे पिताजी का स्थानान्तरण देहरादून हो गया है। अतः निवेदन है कि कृपया मुझे आठवीं कक्षा में उत्तीर्ण होने का प्रमाण-पत्र स्कूल छोड़ने का तथा चरित्र-प्रमाण-पत्र देकर अनु-

गृहीत करें, जिससे मैं देहरादून जाकर किसी स्कल में प्रवेश प्राप्त कर सकूँ।

हार्दिक धन्यवाद,

आपका आज्ञाकारी शिष्य,
रामसेवक मिश्र

**प्रधानाचार्य को पत्र**

(पुस्तकें तथा वर्दी प्राप्त करने के लिए)

प्रधानाचार्य महोदय,
हंसराज मॉडल स्कूल,
पंजाबी बाग, नयी दिल्ली-२६

मान्य महानुभाव,
सादर नमस्ते !

मैं आपके विद्यालय में कक्षा ७ (ब) का छात्र हूँ। मैं एक हरिजन परिवार से हूँ। हमारा घर मादीपुर में है और मेरे पिताजी दिल्ली नगर निगम में सफाई मजदूर हैं। उन्हें केवल २५० रुपये मासिक वेतन मिलता है और इसी में हम पाँच प्राणियों का निर्वाह होता है। मेरी एक वहन है जो राजकीय विद्यालय, मादीपुर में छठी कक्षा में पढ़ती है तथा उससे छोटा एक भाई है। वह चौथी कक्षा में पढ़ता है। पिताजी के अल्प वेतन में निर्वाह होना कठिन है।

आपने कृपा करके मेरा शिक्षा-शुल्क माफ कर दिया है। इसके लिए धन्यवाद। निवेदन यह है कि मैं पुस्तकें तथा स्कूल

की वर्दी खरीदने में असमर्थ हूँ। यदि आप पुस्तकें तथा वर्दी स्कूल की ओर से देने की कृपा करें तो मैं अनुगृहीत होऊँगा।

आपका आज्ञाकारी शिष्य,

रविशंकर

कक्षा ७ (ब)

दिनांक : २६-७-१९८६

## पुलिस अधिकारी को सूचना-पत्र (रिपोर्ट)
### (साइकल खो जाने पर)

सेवा में,

थाना अध्यक्ष;

पंजाबी बाग थाना,

नयी दिल्ली-२६

महोदय,

कल ११-११-१९८६ को दोपहर १२ बजे के लगभग मेरी साइकल डाकघर, शिवाजी पार्क के दरवाजे से चोरी हो गई है। मैं डाकघर में लिफाफे लेने गया था और साइकल बाहर रख गया था। मैं ताला लगाना भूल गया था, यह मेरी गलती थी।

मेरी साइकल हरक्यूलीस मार्का की थी, जिसका नम्बर एच-९३९३१६१ था। मेरे पास साइकल खरीदने की रसीद मौजूद है, जो मैंने एस्प्लेनेड रोड से खरीदी थी।

यदि मेरी साइकल पुलिस को मिल जाए, तो कृपया मेरे पास सूचना भिजवाई जाए।

रमेशचन्द्र गुप्ता

एच-८३/१, शिवाजी पार्क

नयी दिल्ली-२६

दिन क : १२-११-१९८६

## स्वास्थ्य अधिकारी को पत्र

### (सफाई न होने की शिकायत)

सेवा में,

स्वास्थ्य अधिकारी,

दिल्ली नगर निगम, दिल्ली।

महोदय,

मैं आपका ध्यान मोहल्ले की शोचनीय स्थिति की ओर आर्कषित करना चाहता हूँ। इस मोहल्ले की प्रत्येक गली में स्थान-स्थान पर कूड़ा-करकट पड़ा रहता है। सफाई मजदूर (भंगी) आते हैं; परन्तु वे ठीक ढंग से काम नहीं करते। यदि कोई उनसे कुछ कहे तो लड़ने को उतारू हो जाते हैं। सफाई मजदूरों के जमादार को हमने मोहल्ले में कभी नहीं देखा।

परिणाम यह है कि नालियाँ गन्दे पानी से भरी रहती हैं या उफनकर गली में बहती रहती हैं। जगह-जगह कूड़े के ढेर लगे रहते हैं, जिन्हें उठाने कोई नहीं आता। इन सब बातों के कारण मोहल्ले में मलेरिया खूब फैला हुआ है।

इस विषय में एक पत्र आगे भी भेजा था; परन्तु परिणाम कुछ नहीं निकला। क्या मैं आशा करूँ कि इस बार मेरे इस पत्र पर ध्यान देकर तुरन्त कार्यवाही की जाएगी ?

सारी गली इस विषय में पूरा सहयोग देगी, इतना आश्वासन मैं देता हूँ।

भवदीय,

अर्जुन दास

सचिव, मोहल्ला सुधार सभा, श्याम नगर,

दिनांक : ७-६-१६८६ नजफगढ़ रोड, नयी दिल्ली-११००१

## मित्र को पत्र
### (गणतन्त्र के जुलूस का वर्णन)

डी० १६, ग्रेटर कैलाश,
नयी दिल्ली।
दिनांक : २७-१-१६८६

प्रिय मित्र अशोक,
सस्नेह नमस्ते !

तुम्हारा १-१-८६ का पत्र मिला। धन्यवाद। तुमने गणतन्त्र दिवस के जुलूस का वर्णन करने को लिखा है। वह इस प्रकार है—

मैं सवेरे छः बजे अपने माता-पिता तथा भाई-बहनों के साथ इण्डिया गेट जा पहुँचा। वहाँ जनता का सागर ठाठें मार रहा था। लाखों लोग होंगे। कई लोग वाहर से आये हुए थे, जो रात को भी यहीं सोये थे।

थोड़ी देर में तोपों से गोले छूटने का शब्द होने लगा। पिताजी ने बताया कि राष्ट्रपति महोदय की बग्घी राष्ट्रपति भवन से चलकर विजय चौक पहुँच गई है। तोपें दागकर उन्हें सलामी दी जा रही है। इतने में हाथियों का एक दल आया। उसके पीछे ऊँट-सवार सैनिकों की टुकड़ी थी। उसके पीछे राष्ट्रपति महोदय की सवारी थी। वे छः घोड़ों की बग्घी में विराजमान थे। उनके आगे मोटर साइकलों पर रक्षक थे। जब राष्ट्रपति की सवारी इण्डिया गेट पहुँची तो आकाश से विमान पुष्प वर्षा करने लगे।

इसके बाद जलसेना, स्थलसेना और वायुसेना की टुकड़ियाँ निकलीं। फिर तोपें, टैंक, आर्मंड कारें, नये शस्त्र तथा नये वाहन दिखाई दिए।

इसके बाद भिन्न-भिन्न प्रदेशों की झाँकियाँ थीं। वे अपने-अपने प्रदेश के वातावरण, वेशभूषा, नृत्य आदि दृश्य प्रस्तुत कर रही थीं। देखकर आनन्द आ गया।

इसके बाद कॉलेजों तथा स्कूलों के विद्यार्थियों की टोलियाँ थीं। वे देश-भक्ति के गीत गा रहे थे।

यदि तुम आते तो देखकर चकित रह जाते।

तुम्हारा ही,
हरिश्चन्द्र मिश्रा

## मित्र को पत्र

### (परीक्षा में सफलता पर बधाई)

१३४५६, गांधी चौक,
महेन्द्रगढ़,
दिनांक : २ मई, १९८६

प्रिय मित्र रंजन,

सस्नेह नमस्ते !

तुम्हारा पत्र पढ़कर प्रसन्नता हुई। तुम पाँचवीं कक्षा में अच्छे अंक लेकर पास हुए हो। यह सुनकर माताजी को और भी अधिक प्रसन्नता हुई कि तुम कक्षा में सर्वप्रथम रहे हो। कृपया हम सबकी ओर से बधाई स्वीकार कीजिए।

मुझे आशा है कि छठी में तुम सारे स्कूल में प्रथम या द्वितीय आओगे। एक बार मेरी ओर से फिर बधाई।

तुम्हारा स्नेही,
विनोद नागपाल

## सहेली को पत्र

### (परीक्षा में असफलता पर सहानुभूति)

२६/४४, राजा गार्डन, नयी दिल्ली,
दिनांक : २-५-१९८६

प्रिय सखी अनुपमा,

आज बहन कौमुदी के पत्र से विदित हुआ कि इस बार तुम परीक्षा में सफल नहीं हो सकीं।

प्रिय सखी ! किसी ने सच कहा है कि जीवन केवल फूलों की शय्या ही नहीं, यहाँ काँटे भी हैं। सुख-दुःख में, सफलता-असफलता में, जीत-हार में मनुष्य को अपना मन एक समान रखना चाहिए। कर्म करना हमारा अधिकार है, फल भगवान के हाथ में है।

फेल होने पर दुःख तो होता ही है, परन्तु मेरी बहन ! तुम अभी से परिश्रम करो तो अगले वर्ष कक्षा में सर्वप्रथम आ सकती हो।

अब दुःख को मन से निकाल फेंको और पढ़ने में ध्यान लगाओ। मैं हृदय से चाहती हूँ कि आगामी वर्ष में तुम्हारी सफलता देखकर सब लोग चकित रह जाएँ।

तुम्हारी स्नेहमयी,
राधा

## छोटे भाई को पत्र
### (दिल्ली का संक्षेप में वर्णन)

१६/२६ डी,
रामकृष्णपुरम-३,
नई दिल्ली-१

प्रिय भाई रमन,

प्रसन्न रहो।

तुमने दिल्ली का वृत्तान्त पूछा है। वह इस प्रकार है। दिल्ली भारत की राजधानी है। यह प्राचीन नगरी है। पाण्डवों के समय यह इन्द्रप्रस्थ कहलाती थी। महाराज पृथ्वीराज की भी यही राजधानी थी। पठानों की भी ये राजधानी थी।

दिल्ली में राष्ट्रपति भवन, केन्द्रीय सचिवालय, सर्वोच्च न्यायालय तथा अन्य बड़े-बड़े केन्द्रीय कार्यालय हैं। प्रधानमन्त्री तथा अन्य केन्द्रीय मन्त्री यहीं रहते हैं। सारे देश के विकास की कुन्जी दिल्ली के हाथों में है।

दिल्ली कई बार बसी और कई बार उजड़ी है। यहाँ पाण्डवों के दुर्ग के अवशेष पुराना किला, पठान काल का फिरोजशाह कोटला, कुतुबमीनार, मुगलकाल के स्मारक हुमायूँ का मकबरा, लालकिला, जामा मस्जिद तथा आधुनिक काल की 'नयी दिल्ली' उसके कई-कई मंजिले भवन, बिरला मन्दिर, संसद् भवन दर्शनीय हैं।

यहाँ कई सुन्दर बाग हैं, जैसे तालकटोरा, रोशनारा बाग, लोधी गार्डन इत्यादि।

दिल्ली बहुत बड़ा व्यापारिक केन्द्र, रेलवे लाइनों का केन्द्र, अन्तराज्यीय बसों का अड्डा, अन्तर्राष्ट्रीय हवाई अड्डा है।

दिल्ली शिक्षा का बहुत बड़ा केन्द्र है। यहाँ तीन विश्व-विद्यालय और हजारों स्कूल हैं।

दिल्ली के आसपास अनगिनत उपनगर बसाये गये हैं। जैसे—पटेलनगर, कीर्तिनगर, मोतीनगर, रमेशनगर, जनकपुरी, पंजाबीबाग इत्यादि।

भारत में सबसे बड़ा नगर कलकत्ता, दूसरा बम्बई और तीसरे नम्बर पर दिल्ली है। इस समय दिल्ली की आबादी ६० लाख के लगभग है।

तुम दिल्ली की शानबान देखकर चकित रह जाओगे। जब आओगे तो तुम्हें खूब सैर कराऊँगा।

तुम्हारा भ्राता,
रामकिशन

दिनांक : ४-७-१९८६

## छोटे भाई को पत्र

(मन लगाकर पढ़ने के लिए)

एन-१०, राजौरी गार्डन,
दिनांक : ६-९-१९८६

प्रिय भाई सुरेन्द्र,

सस्नेह आशीष !

तुम्हारा पत्र मिला, उससे पता चला कि तुमने अभी तक मेहनत से पढ़ना शुरू नहीं किया। भैया, समय तो बीतता जाएगा, यदि इस तरह असावधान रहोगे, तो कैसे उत्तीर्ण होओगे ? मैं तो आशा कर रहा था कि तुम कक्षा में प्रथम रहोगे (सभी सेक्शनों में प्रथम)।

तुम अपने सहपाठियों की संगति से लाभ उठाओ। कोई बात समझ में न आती हो तो योग्य विद्यार्थियों से समझ लो या गुरुओं से पूछ लो। जब अध्यापक जी पढ़ा रहे हों तो पूरा ध्यान एकाग्र रखो। उनका एक-एक शब्द ध्यान से सुनो व समझ लो। मन लगाकर पढ़ोगे तो तुम अवश्वय प्रथम आ जाओगे। घर पर करने के लिए जो स्कूल का काम मिले, उसे नियम से करो। उसकी उपेक्षा मत करो। अपनी लिखाई सुन्दर तथा शुद्ध बनाने का प्रयत्न करो।

तुम पुस्तकों के आवश्यक अंशों को खोजने की आदत छोड़ दो। सभी पाठ और सभी अंश आवश्यक हैं। सभी को पढ़ो।

आशा है तुम मन लगाकर पढ़ोगे और आगामी परीक्षा में अच्छे अंकों से उत्तीर्ण होगे।

माताजी तथा पिताजी को मेरी तरफ से चरण-स्पर्श कहना और बंटी को शुभाशीष।

तुम्हारा भाई

राधेलाल

□□□